RAMSÈS II

Crédits photographiques

d : droite, g : gauche, c : centre, h : haut, b : bas

© akg-images : p.105, p.243. © akg-images / Archives CDA / Guillo : p.14. © akg-images / Hervé Champollion : p.15, p.18-19, p.33, p.40, p.62, p.78-79, p.92, p.93, p.96-97, p.113, p.118-119, p.123, p.124, p.125, p.139c, p.149, p.203, p.213. © akg-images / Gérard Degeorge : p.41, 91. © akg-images / Electa : p.89, p.173h. © akg-images / Werner Forman : p.12, p.248. © akg-images / François Guénet : p.161, p.231, p.234-235. © akg-images / Andrea Jemolo : p.45, p.47, p.137, p.225, p.246. © akg-images / Erich Lessing : p.11, p.13, p.23, p.37, p.43, p.68, p.87, p.90, p.138, p.139h, p.139b, p.155, p.178, p.198, p.208. © Archivio RCS : p.117. © Gian Berto Vanni / Corbis : p.80. © Stapleton Collection / Corbis : p.81. © Dagli Orti : p.28, p.67, p.76, p.156, p.162, p.180-181, p.209, p.227h, p.229. © The Art Archive / Dagli Orti : p.150-151. © The Art Archive / Bibliothèque des Arts décoratifs / Dagli Orti : p.66. © The Art Archive / Grand temple / Dagli Orti : p.82. © The Art Archive / Musée / Dagli Orti : p.164. © The Art Archive / Musée Égyptien / Dagli Orti : p.61, p.228. © The Art Archive / Musée du Louvre-Bibliothèque / Dagli Orti : p.24. © The Art Archive / Musée national / Dagli Orti : p.158. © The Art Archive / Temple / Dagli Orti : p.127. © The Art Archive / Temple de Séthi Ier / Dagli Orti : p.27. © The Art Archive / Le Ramesseum / Dagli Orti : p.95, p.102. © The Art Archive / Vallée des Reines / Dagli Orti : p.169, p.170-171.© GINIES / SIPA : p.244. © Giraudon / Alinari : p.172. © Béatrice Hatala : p.39g. © Philippe Maillard : p.39c, p.39d, p.94. © Laïla Menassa : p.168h et p.168b. © Munich, Staatliche Sammlung Agyptischer Kunst : p.207. © RMN : p.20, p.29, p.64, p.65, p.142, p.144h, p.220, p.221. Photo RMN - © Les frères Chuzeville : p.242. Photo RMN - © Franck Raux : p.46, p.58, p.168d, p.173b, p.175, p.192b, p.202. Photo Dist. RMN - © The Trustees of the British Museum : p.38, p.166, p.190-191, p.223, p.227b. © RMN – Christian Larrieu : p.144b, p.167, p.189, p.219. © LL/Roger-Viollet : p.146g. © Roger-Viollet : p.146d. © Rue des Archives / The Granger Collection NYC : p.218. © S. Grandadam : couverture, p.200-201. © Laurent Schneiter : p.122, p.152, p.165. © Sherif Sonbol : p.34, p.88, p.192h. © Turin, Giacomo Lovera : p.185. © Vanves, explorer : p.25. © www.araldodeluca.com : p.51, p.239.

Cet ouvrage est une adaptation de *Ramsès II, La véritable histoire*, de Christiane Desroches Noblecourt, paru aux éditions Pygmalion-Gérard Watelet, en 1996.

Édition : Claire Archer assistée de Mathilde Senoble
Texte abrégé par Marie-Delphine Martellière, en accord avec l'auteur
Cartes et croquis réalisés par Elisabeth David
Conception graphique de la maquette et des cartes : Thierry Renard
Relecture : Anne-Lise Martin, Colette Malandain
Fabrication : Élodie Conjat-Cuvelier
Photogravure : Dupont Photogravure

ISBN : 978-2-0801-1497-6
Dépôt légal : septembre 2007

RAMSÈS II

Christiane Desroches Noblecourt

Flammarion

Avant-propos

Ce grand Ramsès dont le nom est demeuré, pour la postérité, tel celui d'un héros indiscutable à travers les siècles et les frontières, quelle place tenait-il parmi tous les pharaons de ce merveilleux pays d'Égypte ?

En fait, l'Égypte antique connut pendant la période de son histoire appelée Nouvel Empire, et tout au long des XIXe et XXe dynasties, plusieurs souverains auxquels ce patronyme de Ramsès fut attribué. Mais celui à qui l'histoire populaire semble s'être particulièrement attachée nous paraît bien être le fils du roi Séthi le Premier *Men-Maât-Rê*, et de la noble dame *Touy*.

D'après les informations que Ramsès *Ouser-Maât-Rê* avait lui-même fait enregistrer (voir la *Stèle de l'an 400* du musée du Caire), le roi se déclarait originaire d'une famille de hauts fonctionnaires du delta oriental du Nil, proche du monde sémitique. Le souvenir des hauts faits des grands dignitaires ayant occupé le trône d'Égypte durant la période précédente du Moyen Empire, les Aménemhat et les Sésostris défenseurs des frontières méridionales de l'Égypte, était encore très vivant à l'époque où le jeune prince Ramsès fut couronné sur le trône de son père.

Il avait alors reçu le prénom de *Ouser-Maât-Rê* (c'est-à-dire « Puissante est la force vitale du Soleil »), en tant que défenseur de son pays. À cette époque, la sécurité méridionale de l'Égypte était assurée. En revanche, le danger, pour le pays, venait du Nord-Est, d'où les Indo-Européens hittites* – enrichis par la confédération des peuplades de la côte méditerranéenne orientale – menaçaient d'envahir le delta du Nil.

Pour arrêter leur avancée, Ramsès, dès l'an 5 de son règne, parvint à briser la coalition qu'ils avaient constituée avec leurs alliés du Proche-Orient et s'opposa à leur avancée en Syrie, au cours d'une bataille célèbre qui se déroula à Qadesh, sur le fleuve Oronte.

Hittites : peuple rattaché aux Indo-Européens qui envahit l'Asie Mineure et soumit le peuple autochtone, les Hattis, au XXVIe siècle av. J-C.

S'ensuivit entre les belligérants le premier traité de paix connu dans l'Antiquité. Il permit à Ramsès de bénéficier d'une période favorable à l'intensification des relations pacifiques de l'Égypte avec ses voisins orientaux.

Par ailleurs, fidèle à l'œuvre de ses prédécesseurs sur le trône – les Thoutmôsis et les Aménophis –, Ramsès assortit la période de paix qu'il instaura d'un célèbre traité, dont une des clauses – formant conclusion – concernait son union avec la fille de son ancien adversaire, le vaillant chef des Hittites. Cette princesse épousa le souverain égyptien dès son arrivée en Égypte, sitôt « baptisée » à l'égyptienne : *Maât-Hor-Néfèrousê* (« celle qui voit Horus*, la force créatrice du Soleil »).

La réputation de « faiseur de miracles » dont bénéficiait le roi fut souvent entretenue par ce monarque aux multiples épouses et aux enfants innombrables... Elle le poursuit encore actuellement. En effet, ce magnifique souverain du passé conserve une « aura » si puissante que sa momie a même été accueillie au Centre d'énergie nucléaire de Saclay, en France, pour que soit assurée, par irradiations, sa longévité menacée de détérioration.

Les analyses ayant assorti les soins dont il fut entouré nous ont révélé, entre autres, que le Grand Ramsès, perclus d'artériosclérose, possédait une chevelure aux reflets de cuivre rouge qui soulignait encore les origines proche-orientales de ce fils de Séthi.

Il ne manqua pas, durant tout son règne, de faire connaître à la postérité, par de gigantesques monuments et de nombreux écrits, l'histoire si brillante de son règne.

Horus : seigneur du ciel, divinité majeure du panthéon égyptien, Horus est doté de fonctions diverses. Il peut apparaître soit comme un faucon, soit comme un homme à tête de faucon.

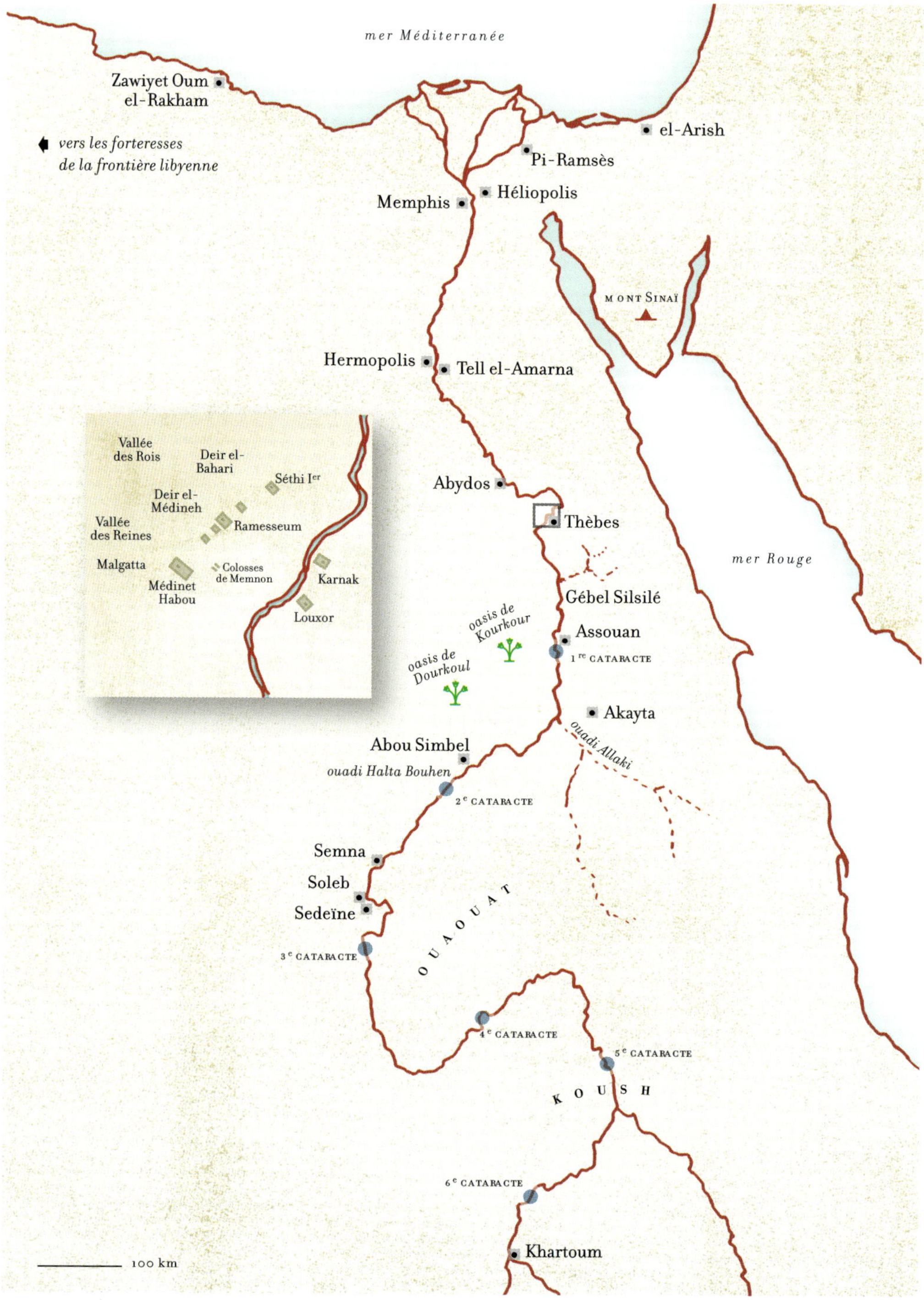
mer Méditerranée
Zawiyet Oum el-Rakham
vers les forteresses de la frontière libyenne
el-Arish
Pi-Ramsès
Memphis
Héliopolis
Mont Sinaï
Hermopolis
Tell el-Amarna
Vallée des Rois
Deir el-Bahari
Séthi Ier
Deir el-Médineh
Vallée des Reines
Ramesseum
Malgatta
Colosses de Memnon
Médinet Habou
Karnak
Louxor
Abydos
Thèbes
mer Rouge
Gébel Silsilé
oasis de Kourkour
Assouan
1re cataracte
oasis de Dourkoul
Akayta
ouadi Allaki
Abou Simbel
ouadi Halta Bouhen
2e cataracte
Semna
Soleb
Sedeïne
Ouaouat
3e cataracte
4e cataracte
5e cataracte
Koush
6e cataracte
Khartoum
100 km

Sommaire

Les premiers pas de Ramsès au sein d'une dynastie naissante 10

Le sacre et le début d'un long règne 32

Vallée du Nil, jusqu'à la jonction du Nil Blanc et du Nil Bleu.

L'avènement du Roi-Dieu 160

Le dernier miracle de Ramsès 222

Épilogue 240

1

LES PREMIERS PAS DE RAMSÈS AU SEIN D'UNE DYNASTIE NAISSANTE

Ramsès II, en prêtre Iounmoutef, associé à Horus le jeune, pratique le culte pour son père, Séthi Ier, en Osiris. Abydos, temple de Séthi Ier.

À l'origine était un brillant militaire

Après le règne d'Aménophis IV-Akhénaton (1356-1340), la lignée des Aménophis s'était éteinte. Le frère d'Akhénaton, quatrième rejeton d'Aménophis III, Tout-ânkh-Aton, fut contraint de monter sur le trône aux environs de son dixième anniversaire. Soutenu par ses mentors, le vizir Aÿ et le général Horemheb, il devint alors Tout-ânkh-Amon. Au bout de dix ans, le vizir Aÿ lui succéda (1331-1327) avant de laisser le pouvoir au valeureux général Horemheb. Le pharaon Horemheb (1327-1295), militaire et administrateur dans l'âme, rétablit l'ordre et la sécurité dans une Égypte défaillante : son célèbre édit contre la corruption souligne l'ampleur du « laisser-aller » dans le pays, les graves négligences, le mépris des lois. Sous la poigne d'un bon maître, l'Égypte regagnait l'estime et le respect de l'étranger. Les collaborateurs d'Horemheb avaient été choisis avec le plus rigoureux discernement.

Horemheb, dernier roi de la XVIIIe dynastie, régna de 1327 à 1295 av. J.-C.

Parmi eux, le roi avait remarqué sans doute le plus brillant, un jeune militaire du nom de Pa-Ramessou, très vite devenu commandant des troupes. Il était le fils d'un certain Séthi, originaire de la zone frontalière orientale du Delta, un des fiefs du dieu Seth*.

Pa-Ramessou devait être un peu plus jeune que son souverain : il gravit tous les échelons de sa carrière de militaire aux côtés de son pharaon, dont le premier souci avait été de rendre à l'armée la puissance nécessaire à la défense des intérêts de l'Égypte hors des frontières. Dépassant les fonctions occupées jadis par son père, il fut nommé surintendant des écuries royales et, par la suite, tout naturellement promu dans le corps d'élite des chars. Quand il devint conducteur de char, Horemheb lui confia l'un des postes les plus enviables : envoyé royal auprès des pays étrangers, pour transmettre les courriers diplomatiques. Puis il fut nommé général. Pharaon lui confia alors le commandement de la forteresse de *Tjarou*, poste frontière où passaient toutes les expéditions militaires se dirigeant vers l'Orient. Plus encore, la nouvelle charge de surintendant des Bouches du Nil lui conférait le devoir d'assurer la sécurité du nord du pays, à l'est comme à l'ouest.

Chevalière en or du pharaon Horemheb. Nouvel Empire, XVIIIe dynastie. Paris, musée du Louvre.

Seth : dieu belliqueux et fauteur de troubles, Seth est aussi un protecteur de la royauté et le patron des étendues stériles.

Le vizir Pa-Ramessou

La gestion de toutes ces responsabilités, si remarquablement assurée, incita Horemheb à le désigner comme vizir à ses côtés, en lui affectant de surcroît le titre de député de tout le Pays, ce qui le conduisit à surveiller très probablement les multiples travaux dans le temple de Karnak. En effet, pour ne pas s'attirer la vindicte du haut clergé d'Amon*, Horemheb avait fait démonter le grand temple et toutes les chapelles en l'honneur du globe d'Aton, érigés à l'est de Karnak par Aménophis IV au début de son règne.

Une grande partie de leurs éléments fut, sur ordre semble-t-il de Pa-Ramessou, enfouie à l'intérieur du IXe pylône*. Aussi reçut-il par permission royale l'honneur de faire figurer au pied de la tour orientale du pylône les deux statues le représentant accroupi, vêtu de sa vaste robe à collier de vizir, *dons de Sa Majesté*. Enfin, lorsque Pa-Ramessou fut investi prince héritier du pays entier, les dés étaient définitivement jetés. En fait, il venait d'être désigné pour succéder un jour à Horemheb qui n'avait pas d'héritier. Pa-Ramessou, en revanche, avait l'avantage de posséder un fils actif, Séthi, qui fut peut-être à cette époque désigné comme second vizir.

Amon : l'une des principales divinités du panthéon égyptien. Il peut prendre l'aspect de Min, dieu de la fertilité, et est vénéré sous l'aspect d'Amon-Rê à Karnak. Divinité de la région de Thèbes.

Pylône : entrée monumentale d'un temple formée de deux massifs de maçonnerie trapézoïdaux encadrant une porte.

Pa-Ramessou, futur Ramsès Ier, dans sa robe de vizir. Nouvel Empire, XVIIIe dynastie. Le Caire, Musée égyptien.

Cette investiture fut fêtée en grande pompe. Il reçut la bague-sceau porteuse du titre, en présence des hauts fonctionnaires ; les danses et les chants l'accompagnèrent jusqu'à sa demeure où les festivités se prolongèrent en famille. Son épouse était la dame Satrê ; on lui connaissait un fils, Séthi, très probablement déjà marié à la demoiselle Touy, fille de Raïa, lieutenant de chars, et d'une chanteuse d'Amon, Rouïa. Le jeune couple possédait déjà une petite fille, Thiya, et peut-être également un fils, qui serait mort au cours de son adolescence. Quoi qu'il en soit, un autre garçon vint au monde, auquel ses parents donnèrent, suivant la coutume, le nom de son grand-père : Ramssou ou Ramsès. Sans doute à partir de cette époque Pa-Ramessou se fit-il appeler Ramessou, supprimant de son nom l'article démonstratif *Pa* trop roturier.

Avènement du premier Ramsès

En 1295, Ramsès, fils de Séthi et de Touy, devait avoir atteint sa cinquième année lorsque le pharaon Horemheb mourut. Il assista certainement au couronnement de son grand-père, le premier Ramsès Menpèhtyrê. Ce dernier devenait l'ancêtre-fondateur de la nouvelle dynastie, celle des Ramessides, la XIXe.

Afin de bien s'intégrer dans la lignée des pharaons précédents, Ramsès Ier choisit dans la nécropole royale abritée par la Sainte Cime, la *Grande Prairie* (*Ta-sékhet-âat*, la Vallée des Rois), à l'ouest de Thèbes, l'emplacement où faire creuser son hypogée*. Il supposait que les artisans de la corporation de la *Place de Vérité* (la *Set-Maât*, Deir el-Médineh), créée par Aménophis Ier, auraient le temps d'aménager une profonde syringe* pour recevoir sa dépouille royale. De surcroît, il innova : fondateur avec Satrê d'une dynastie, il souhaita que sa reine pût bénéficier d'un caveau dans une nécropole destinée à recevoir les reines de la dynastie nouvelle.

Hypogée, syringe : tombeau creusé dans la roche.

Le prince Séthi fut peut-être alors chargé de trouver l'emplacement le plus approprié. Son choix fut un ouadi* largement ouvert sur la plaine occidentale thébaine, au sud de la Vallée des Rois, la *Set-Néférou*, la Vallée des Reines. C'était une nécropole déjà utilisée pour recevoir les sépultures de hauts fonctionnaires et des enfants royaux de la dynastie précédente. Le site montagneux était dominé par la Sainte Grotte, vouée au grand principe féminin Hathor, dans le sein de laquelle tous les défunts étaient reçus.

Ouadi : cours d'eau le plus souvent à sec mais pouvant charrier une grande quantité d'eau.

Puis le nouveau pharaon entreprit de réaliser un des projets auxquels il avait longtemps songé : poursuivre l'œuvre architecturale d'Aménophis III à Karnak, et célébrer par cela même, aux yeux des prêtres d'Amon, le retour au dogme amonien. Devant le pylône d'Aménophis (le IIIe pylône), la grande cour, dès la fin du

Colonnes papyriformes de la salle hypostyle du temple d'Amon. Karnak.

règne d'Horemheb, avait reçu en son centre une allée de douze très hautes colonnes. Il fit achever la colonnade et entreprit de la flanquer de séries d'éléments moins hauts, à chapiteaux papyriformes fermés : les travaux débutèrent par l'aile nord. Son projet, poursuivi par son fils Séthi et par son petit-fils, le deuxième Ramsès, était d'édifier une très large salle évoquant une immense forêt de papyrus, encore visible actuellement dans le grand temple de Karnak. La décoration n'était pas encore exécutée, mais, sur des murs jadis ornés par ordre d'Horemheb, il fit substituer ses propres nom et prénom à ceux de son ancien maître.

Le prince Séthi

Memphis, à cette époque, était la capitale des militaires où le général Horemheb, devenu pharaon, avait remis de l'ordre dans toute l'organisation défaillante. Séthi secondait puissamment son père épuisé par une longue et si efficace carrière. En réalité, il remplissait auprès de lui l'action d'un corégent, et se plaisait à faire proclamer : « *Tandis qu'il était Rê-le soleil à l'aube rayonnante, j'étais à ses côtés comme une étoile de la terre.* » Il voulut aussi faire preuve d'autorité dans les anciennes contrées vassales, là où l'on rencontre le *Kharou*, le *Djahy* et les *Fenkhou* qui avaient manqué de loyauté à son pays dès l'affaiblissement de l'Égypte. Il fallait aussi faire rentrer régulièrement les redevances, car les maires des villes étrangères assujetties devaient payer les impôts à la Couronne – et surtout au grand temple d'Amon –, à chaque Nouvel An, comme leurs collègues des villes égyptiennes, de même qu'il leur fallait donner une partie de leur travail.

Comme nous le laissera supposer plus tard le grand Ramsès – désireux de montrer par tous les artifices son extraordinaire précocité –, il ne serait pas étonnant que le prince Séthi ait fait participer son jeune fils, à l'époque âgé de sept ans, à cette incursion en pays asiatique, longeant la côte méditerranéenne jusqu'au sud de la Phénicie (les *Fenkhou*). Les quelques captifs faits en Canaan, toujours accompagnés des femmes et des enfants, augmentèrent alors le personnel du temple de Bouhen (en Basse-Nubie égyptienne).

L'expédition fut conduite par Séthi qui, en la circonstance, fit ériger deux stèles commémoratives de l'événement, alors que Ramsès Ier résidait à Memphis en cette deuxième année de son règne, surveillant de près la fondation de sa nouvelle capitale, *Pi-Ramsès* (« le domaine de Ramsès »).

Le premier Ramsès dans la Vallée des Rois

Ce dernier mourut peu de temps après avoir confirmé son fils corégent en titre : il avait à peine régné deux ans, mais, en réalité, avait partagé avec Horemheb le poids et l'efficacité du pouvoir pendant de longues années. Ramsès Ier fut enterré au cœur de la Vallée des Rois, dans une tombe inachevée, mais où figuraient des extraits d'un nouveau recueil de textes funéraires royaux : le *Livre des Portes*. Sur un fond gris bleuté, le décor vivement coloré présente encore une sobre élégance.

Satrê, son épouse, dut le suivre de peu dans le domaine d'Osiris* : son petit caveau de la Vallée des Reines fut hâtivement orné de quelques figurations au trait noir, rehaussées de retouches rouges. L'ère ramesside venait de naître.

Osiris : dieu des morts, il est garant de la survie du défunt dans le monde souterrain. Son symbole est le pilier Djed ; ses attributs sont le sceptre et le fouet qu'il tient croisés sur la poitrine.

L'enfance d'un surdoué

Il est parfois difficile de comprendre et de reconstituer l'histoire des événements dont les témoignages antiques sont fortement teintés par l'emphase et le mythe. Ramsès est souvent, de nos jours, jugé comme ayant dans ses expressions de fortes tendances à une orgueilleuse et lourde exagération. On a même évoqué la mégalomanie ! On pourrait se laisser prendre à ce jugement sans rémission, si l'on ne tenait pas compte de deux facteurs essentiels. Le premier demande qu'on veuille bien se reporter à l'époque où se passent les événements et se référer à la généreuse faconde des habitants de la terre d'Égypte. Le second est particulièrement politique et propre à l'homme Ramsès et au calcul visant un programme réalisé tout au long de son existence : avant tout créer et imposer son personnage hors de la norme, un être d'exception fait pour gagner. On le découvre dominateur mais bienfaisant, inspiré de Dieu, puisqu'il est de son essence même – lui, le parvenu, un rouquin, apparemment mal aimé d'Horus, issu de Seth, mais cependant fils du Soleil sur terre, chéri d'Amon et pour tout dire l'homme du miracle.

Comment, alors, ne pas porter l'emphase sur son enfance exceptionnelle de surdoué, capable, dès son plus jeune âge, de seconder son royal père ? C'est dans cet esprit que la fameuse grande inscription dédicatoire d'Abydos, à laquelle il faut se référer, a été conçue et gravée par ordre de Ramsès dès l'entrée du temple fondé par Séthi. Ramsès avait saisi, dans ce lieu fréquenté par le plus vaste et le plus populaire des pèlerinages, l'occasion de se confier ainsi à la postérité.

Double page suivante
Intérieur de la tombe de Ramsès Ier : détail d'une peinture murale avec la représentation du serpent Méhen et les douze déesses, symboles des douze heures de la nuit, qu'il doit avaler. Thèbes-Ouest, Vallée des Rois.

En prenant le texte à la lettre, on imaginerait facilement le jeune prodige sortant à peine du berceau lorsque son père voulut l'asseoir à ses côtés, sur le trône. En parcourant ce récit d'une très grande importance pour l'histoire de la corégence, et pour Ramsès lui-même, on comprend que très vraisemblablement Séthi voulut affirmer l'impact de sa dynastie naissante en valorisant la formation et l'importance du prince héritier. L'événement relaté eut certainement lieu. Ramsès, cependant, devait être plus âgé.

L'enfant Ramsès, déjà couronné, corégent de son père. Paris, musée du Louvre.

Sans doute la réelle précocité de son fils incitait-elle Séthi à lui confier officiellement certaines responsabilités : nul ne pourrait, ainsi, lui contester des droits à la couronne. Très probablement, Séthi s'inspira de ce que Horemheb avait réservé à Pa-Ramessou en nommant son successeur désigné : *prince héritier du pays entier.*

La corégence

L'événement dut se produire dans la période de paix succédant à l'accord conclu par Séthi Ier avec le prince hittite Mouwattali, et ce, semble-t-il, entre l'an 7 et l'an 8 du règne. Le prince Ramsès devait être entré dans sa quinzième année. Le souverain, devant tous les grands de son royaume et les représentants du peuple probablement rassemblés dans la vaste cour du temple de Memphis, présenta son fils pour l'investiture à ses côtés en tant que roi.

Et Ramsès d'écrire : «*Je suis issu de Rê... alors que mon père Menmaâtrê* [Séthi] *m'éleva. Le Tout-Puissant lui-même me fit grand, lorsque j'étais enfant jusqu'à ce que je règne. Il me fit don du pays lorsque j'étais [encore] dans l'œuf. Les grands se prosternèrent [reniflèrent la terre] devant moi lorsque je fus installé en tant que fils aîné, comme Prince héréditaire sur le trône de Geb...* »

Mais pourquoi se justifier ainsi ?

À travers certaines invraisemblances du récit, on saisit l'insistance que met Ramsès à présenter l'événement comme montrant, dès l'origine, son réel état de prince héritier, ce qui peut paraître excessif s'il n'y avait pas eu doute à ce sujet.

Ramsès se présente comme un invraisemblable phénomène de précocité, mais il insiste sur le fait qu'*il fut installé en tant que fils aîné, Prince héréditaire, sur le trône de Geb*, comme s'il voulait montrer qu'il en avait reçu les prérogatives, sans que cela lui ait été donné dès le départ. Cette insistance de Ramsès à justifier sa légitimité persiste même en l'an 3 de son règne ; il fait dire à ses courtisans, sur la stèle de Kouban : « *Lorsque tu étais encore dans l'œuf, tu formais déjà des projets en ta qualité de Prince héritier. Tu étais informé des problèmes des Deux Terres alors que tu étais très jeune, portant encore sur le côté la mèche de cheveux de l'enfance. Tu étais chef de l'armée, alors jouvenceau de dix années.* »

Une hypothèse a été avancée, jadis, par le grand égyptologue américain de Chicago, James Henry Breasted. Se fondant sur un relief du mur extérieur de l'hypostyle de Karnak, où l'on voit derrière le char de Séthi la silhouette d'un petit prince, martelée et remplacée par celle du petit Ramsès, Breasted suggérait que cette substitution serait la preuve de l'assassinat par Ramsès de son frère aîné, afin de prendre sa place. Cette hypothèse ne peut tenir si l'on se réfère à la scène du temple jubilaire de Séthi à Gourna, où le tableau du couronnement de Ramsès par Amon, en présence de son père Séthi, prouve qu'il y avait parfaite entente entre le père et le fils.

Toutes ces justifications viseraient peut-être simplement un candidat au trône, extérieur à la famille de Ramsès, descendant oublié des derniers rois de la XVIIIe dynastie. Dans ce cas, le martelage de sa silhouette, après qu'il eut été admis à figurer sur un mur de Karnak, montre la victoire définitive des ramessides.

Rectifications faites de certaines invraisemblances, il apparaît, cependant, que le jeune homme *reçut bien les couronnes* et son *nom de couronnement* à cette occasion. En effet, dès cette époque, lorsque les textes font allusion au prince corégent, on lui affecte bien son nom de couronnement, que tout souverain investi reçoit en l'occurrence.

Le monde du corégent

Le palais du corégent fut sans doute édifié dans la ville de Memphis, et de charmantes nobles dames d'atour furent mises au service des deux premières grandes épouses royales de Ramsès. Aucun renseignement ne nous est parvenu pour nous permettre de deviner l'origine de ces grandes épouses. On sait que l'une s'appelait Nofrétari et l'autre Isisnofret. La première, dont le charme et la beauté furent chantés par Ramsès, devait être de santé fragile : elle tint la première place auprès du roi, mais semble avoir disparu autour des années 24-25 du règne. La seconde, en revanche, Isisnofret, était encore en vie après l'an 40.

Le pharaon Séthi Ier en Osiris. Abydos, temple de Séthi Ier.

Très vite, l'une et l'autre donnèrent à Ramsès leur premier enfant. Nofrétari accoucha du premier fils, sitôt appelé *Imenherounémef* (« Amon est à sa droite »), alors qu'Isisnofret donna naissance à une petite fille, *Bentanat* (« Fille de la déesse Anat »). Pourquoi faire patronner son enfant par une déesse asiatique ? Isisnofret serait-elle née princesse syrienne, élevée dans le harem royal ? Aucun indice ne permet de répondre à cette interrogation. Il faut pourtant remarquer à quel point le culte de divinités asiatiques avait pénétré dans les mœurs égyptiennes, sans tenir compte des expéditions militaires menées par l'Égypte en Canaan ou dans l'Amourrou. Au reste, nombre d'étrangers, implantés depuis plusieurs générations dans le pays, y avaient fait carrière, car on ne répétera jamais assez que les fils de ce pays du Nil, s'ils furent toujours profondément patriotes, n'étaient pas xénophobes. Dans son adolescence, mais aussi plus tard, Ramsès fut entouré de hauts fonctionnaires égyptiens auxquels vinrent se joindre des personnalités d'origine étrangère.

Citons Pasar, fils du grand prêtre Nebnétérou, très jeune chambellan de Séthi et nommé chef des secrets des Deux Dames (gardien des couronnes royales), qui posa probablement le *pschent* sur la tête de l'héritier royal, auprès de qui se tenait alors Imenemipet,

La reine à genoux en adoration. Tombe de Nofrétari, Vallée des Reines. Extrait de Nina Davis, Ancient Egyptian Paintings. *Chicago, 1936.*

Bentanat aux pieds du colosse de Ramsès II. Temple de Karnak.

son ami d'enfance. En revanche, Ashahebsed, qui en l'an 8 inscrivit les louanges de ses deux maîtres sur les montagnes du Sinaï, n'était sans doute pas d'origine égyptienne. Pourtant il fut promu à la très haute fonction d'envoyé royal vers toutes les terres étrangères. De même le général Ourhiya, natif du nord de la Syrie, donna à son fils le nom cananéen de Youpa. Un des plus anciennement implantés au service de Pharaon était le chef des peintres du temple de Karnak, Didia, dont l'ancêtre Pédoubaâl était venu de Canaan en Égypte six générations auparavant.

Les activités du corégent

Ramsès corégent n'allait pas tarder, au cours de la huitième année du règne, à se pencher sur les dépêches envoyées à son père par Imenemipet, vice-roi de Nubie. Il s'agissait d'une révolte qui se préparait au pays de *Koush* (Soudan actuel). Séthi mit au point une stratégie qui permit à un détachement de chars accompagnant l'infanterie de réduire en sept jours la rébellion. Finalement Ramsès vit arriver à Thèbes un peu moins d'un millier de captifs, accompagnant un large butin de produits africains.

Pendant tout l'an 9 de son règne, le pharaon Séthi tint à surveiller personnellement l'édification de son temple en Abydos tout en se déchargeant sur le prince corégent de la surveillance du reste de son vaste programme architectural : le palais de Pi-Ramsès, à l'est du Delta, les sanctuaires dont il voulait jalonner l'Égypte ainsi que les monuments thébains. Sur la rive droite, à Karnak, dans l'immense domaine de la royauté, voué à Amon, la grande salle hypostyle* était en construction, et sur la rive gauche, on édifiait son *temple de Millions d'années* à Gourna. En compagnie de Pasar, récemment promu vizir du Sud, Ramsès prêta une particulière attention à la grande syringe préparée pour Séthi. Les travaux d'architecture étaient complétés par la collecte des matériaux (granit d'Assouan, or de Nubie) nécessaires à leur embellissement. Toutes ces inspections procurèrent au prince régent, entre l'an 9 et l'an 10, l'occasion d'approcher la corporation des artisans thébains de grand talent, et de découvrir leurs travaux. Leurs œuvres restaient presque toujours anonymes. Cependant, l'époque ramesside naissante allait rompre peu à peu avec cet usage. Des noms sont apparus, révélés principalement par les fouilles du village des artisans des tombes royales thébaines, la *Set-Maât*, l'actuel Deir el-Médineh.

Salle hypostyle : espace fermé dont le plafond est soutenu par des colonnes.

Le portique à piliers avec les scènes du culte rendu à Séthi Ier. Abydos, temple de Séthi Ier.

La Vallée des Rois

Sous la direction de Sennédjem, les artisans travaillaient aux sépultures de Séthi et de Touy. Leurs plans ne présentaient rien de commun avec ceux des tombes royales précédentes. Pour Séthi, une immense syringe de presque cent mètres de long s'enfonçait dans les rochers calcaires de la Vallée des Rois. Décor essentiellement réservé aux souverains, le contenu des livres funéraires allait évoquer les étapes du soleil qui reconstituait son énergie pendant les heures de la nuit, alors que les génies peupleraient les chemins mystérieux conduisant, par des méandres, vers la renaissance.

La Vallée des Reines

Plus au sud, Ramsès ne manqua pas de visiter la Vallée des Reines, où la première épouse royale de la dynastie – sa grand-mère paternelle – avait été inhumée. Il fallait inspecter le début du creusement du tombeau destiné à sa mère très vénérée, Touy. Le plan de la sépulture, géométrique et harmonieux, sur deux niveaux, menait, par deux escaliers successifs, à deux salles souterraines principales. La dernière, très vaste, à quatre piliers réservés dans le rocher, devait recevoir le corps de la souveraine. Le projet des décors religieux très différents, comme les textes, était tiré du *Livre des Morts*.

Buste de Mérytamon, fille de Ramsès II. Le Caire, Musée égyptien.

Revenu à Memphis après un long séjour dans le sud, le prince couronné trouva sa famille florissante. Isisnofret, déjà mère de Bentanat et d'un petit Ramsès, venait de donner naissance à un autre garçon particulièrement vigoureux, que son père appela *Khâemouaset* (« qui apparaît dans Thèbes »).

Une des filles que Nofrétari avait récemment mises au monde, Mérytamon, si jeune encore, présentait déjà la beauté et l'élégance de sa mère. Ramsès venait d'avoir vingt ans, et était resté très impressionné par son séjour en Haute-Égypte, passé aux côtés de Pasar auprès des maîtres d'œuvre des grands temples et des décorateurs thébains. De son côté, Séthi continuait son programme : non content d'y inclure le projet de la plus grande salle hypostyle qui existe en Égypte, il ordonna, la onzième année de son règne, d'en édifier une dans le temple du Gébel Barkal*, sanctuaire d'Amon de Napata (*Koush*-Soudan).

Ramsès n'oubliait pas la région des *Eaux de Rê*, branche orientale du Nil, dans le Delta. Séthi y avait fait agrandir le petit palais de son père. Les corégents firent exécuter, dans les meilleurs ateliers de Memphis, des tuiles et dalles vernissées de teintes variées, mais où dominait le bleu turquoise, afin de décorer les portes et les fenêtres du palais, le sol du dais royal ainsi que les rampes d'accès.

Ouchebti du prince Khâemouaset, fils de Ramsès II. Paris, musée du Louvre.

Le corégent guerrier

La paix entre l'Égypte et ses possessions extérieures, apparemment acquise, commençait à être fragilisée, d'après les rapports des messagers laissant pressentir de légers troubles, aussi bien dans le sud que dans l'est. Sans doute Séthi confia-t-il à son fils, alors âgé de vingt-deux ans, le soin de conduire une petite expédition préventive en Canaan et dans les parages hantés par les bédouins *Shasous*. Il est en tout cas certain qu'il le chargea, vers les années 13-14 de son règne, de recevoir officiellement à sa place les tributs des pays de *Ouaouat* et surtout de *Koush* (Basse et Haute-Nubie).

Le rôle du jeune corégent prenait effectivement une importance si grande qu'il fut autorisé à commémorer cette promotion personnelle sur les murs d'un hémispéos* creusé dans la falaise nubienne, à Beït el-Ouali. Sur les parois, Ramsès apparaît en pharaon à part entière. Dans la cour à ciel ouvert, le mur nord est sculpté de reliefs résumant les campagnes asiatique et libyenne. On peut y voir Ramsès dans la fougue de sa jeunesse, enjambant le caisson de son char pour bouter un ennemi, de surcroît terrorisé par son lion de bataille. Plus loin, une citadelle asiatique est attaquée.

Gébel Barkal : promontoire rocheux qui domine le site de Napata. Aussi appelé « montagne pure », il était considéré comme le lieu où résidait le dieu Amon.

Hémispéos : temple dont la masse principale est creusée dans la falaise et dont la partie antérieure, une cour, est bâtie en avant de celle-ci.

Le spectacle encore plus riche en détails pris sur le vif est assurément le long registre sculpté, et jadis polychrome, présentant le déroulement de l'action menée en Haute-Nubie : l'attaque d'une tribu d'un type africain, poursuivie par les forces armées de Pharaon conduites par Ramsès, debout sur son char ; pour la première fois, il est accompagné par deux de ses fils : Imenherounémef et Khâemouaset, chacun monté sur son propre char. La charge au galop provoque la débandade complète chez les rebelles. Puis c'est l'interminable défilé des tributs portés ou conduits par les vassaux : les divers animaux d'Afrique, lions, girafes, guépards, gazelles, singes cercopithèques… et les produits qui agrémenteront la vie en Égypte : défenses d'éléphant, plumes d'autruche, bois d'ébène, meubles fabriqués sur place dans le plus pur style égyptien, peaux d'animaux, épices, toutes sortes de pierres semi-précieuses, et enfin l'or en sachets, l'or en anneaux, et même des « pièces montées » décoratives d'orfèvrerie…

Cette campagne de Nubie eut-elle réellement lieu à cette époque, ou faut-il voir dans la scène le rappel de l'expédition punitive de l'an 8 au pays d'*Irem* (*Koush*) ? Le type soudanais des habitants en fuite militerait en faveur de cette hypothèse. En l'an 8, époque de son mariage, le prince ne pouvait évidemment pas faire allusion à une quelconque progéniture, mais au moment où le tableau a été composé, il aurait mélangé les deux périodes, celle de l'an 8 où les événements se seraient passés, et celle de l'an 13-14 où les princes avaient respectivement cinq et quatre ans. De même les

Ramsès, escorté de deux princes, poursuit des révoltés de Haute-Nubie.

événements de la paroi nord ne seraient peut-être que le rappel des expéditions asiatiques et libyennes au cours desquelles il avait accompagné son père.

La montée vers le pouvoir

Telle est la leçon historique livrée par le premier des sept principaux sanctuaires fondés en Nubie par Ramsès. Il semble qu'il constitue, avant tout, le manifeste de sa prise du pouvoir personnel imminente, et du moment du déclin de Séthi, très probablement affecté dans sa santé. Le fond du spéos, primitivement creusé dans la pierre de grès, présente Ramsès, seul, rendant hommage aux formes divines et, en définitive, faisant l'offrande régalienne et suprême de Maât*, l'équilibre et le dynamisme en toute chose, constant souci de Pharaon qui doit en assurer la présence et l'efficacité.

Maât : déesse coiffée d'une plume, elle personnifie l'ordre et la justice suprême.

Pour que nul n'ignore son essence divine, on le voit, dans le saint des saints, apparaître à deux reprises en enfant-roi, mais coiffé du *khépéresh** du règne, allaité par Isis et par Anouket régnant sur les cataractes. Avec de tels antécédents, et après de tels exploits, comment pourrait-on douter qu'il est digne de conserver les couronnes ?

Khépéresh : couronne bleue parfois décorée de cercles dorés.

Entre sa quatorzième et sa quinzième année de règne, Séthi, dont on pouvait croire qu'il était dans la force de l'âge, mourut, brusquement semble-t-il, en abordant sa cinquantième année. Ramsès venait d'avoir vingt-cinq ans.

Imenherounémef, fils aîné de Ramsès, le vizir et le vice-roi Imenemipet présentent les tributs à Ramsès corégent.

2

LE SACRE ET LE DÉBUT D'UN LONG RÈGNE

Le pharaon allaité par la déesse Isis. Kalabsha, temple rupestre de Beït el-Ouali.

L'avènement

Séthi s'était éteint. Son fils et corégent, Ramsès, devait s'affirmer comme le digne héritier d'une famille de valeureux soldats formés à la rigueur des armes et à la discipline du palais. La dernière étape pour la possession absolue du trône se présentait à lui : traverser les épreuves du sacre et connaître les mystères de l'investiture suprême.

Au lendemain du décès de son père, le vingt-septième jour du troisième mois de l'été, dès l'aube, son avènement avait été proclamé. Il fallait maintenant attendre les soixante-dix jours de préparation au déroulement de la cérémonie grandiose dans la Vallée des Rois pour l'inhumation de Séthi qui devait avoir lieu au début du deuxième mois de l'Inondation.

Le vizir Pasar, qui assista au sacre et coiffa son maître de la double couronne (le pschent).

L'instant de forger son personnage

Tout était prêt, à Memphis et à Héliopolis, pour celui qui, déjà intronisé, se préparait à l'impressionnante initiation : il allait alors devenir réellement le détenteur à part entière de la double couronne. Les cérémonies du couronnement marqueraient le réel début des années de règne.

Durant la veillée précédant la réapparition de la lune et à l'aube du couronnement, Ramsès songeait à son destin. Certes, il était fils de roi, mais il sentait impérativement la nécessité, une fois les festivités passées, de faire consacrer un long texte pour affirmer avec une solennité marquée ses droits indiscutables à l'héritage du trône d'Horus. Voulait-il ainsi masquer les circonstances troubles de son accession à la corégence, faire oublier l'origine militaire de sa famille et son lien étroit avec le monde séthien, ou bien encore les attaches de certains de ses ancêtres avec le cercle du réformateur amarnien*, tel son grand-oncle marié à la sœur d'un ami du jeune Toutânkhamon ?

Depuis Horemheb, les nouveaux maîtres du pays n'avaient pas montré une réelle animosité contre les temps amarniens. Ainsi Ramsès corégent fait-il utiliser, dans l'hémispéos de Beït el-Ouali, le procédé du « relief dans le creux », innovation chère aux sculpteurs amarniens.

Amarnien(ne) : qui concerne Tell el-Amarna, capitale de l'Égypte pendant le règne d'Akhénaton (1353-1337 av. J.-C.). Par extension, l'adjectif désigne tout ce qui se rapporte à cette période.

Devenir Pharaon

Il fallait se méfier de ce monde que représentait le fief amonien de Karnak, et veiller à maintenir continuellement l'équilibre de cette réelle puissance avec le poids des cultes voués aux autres aspects du divin. Ramsès façonnait son personnage et envisageait d'utiliser les moyens les plus audacieux pour faire admettre les réformes nécessaires à l'évolution de son pays, adaptées au monde étranger qui lui était ouvert.

Tout reposerait sur la crédibilité qu'il saurait inspirer à ses sujets sensibles au charisme d'un bon maître. Il lui faudrait donc forger sa légende, et surpasser au moyen d'exploits miraculeux le prestige gagné par ses prédécesseurs : il allait s'y employer ! Au reste, les temps s'y prêtaient. La période sothiaque* survenant tous les mille quatre cent soixante années avait débuté en 1313 avant notre ère, et avait déjà permis à Séthi de s'appuyer sur un *Renouvellement des naissances*, un temps nouveau, qui renforçait son pouvoir. Ramsès se promettait d'utiliser au maximum et d'une manière plus tangible

Période sothiaque : tous les 1 460 ans, les Égyptiens voyaient de nouveau le premier jour de leur année civile coïncider avec le lever héliaque de Sirius. Ce cycle est connu sous la dénomination « période sothiaque ».

cette opportunité. Entre l'an 1313, où les deux calendriers avaient coïncidé, et la date de son couronnement, 1279, l'écart n'était que de trente-quatre ans. Le calendrier civil perdant un jour tous les quatre ans, les deux systèmes, à l'époque du couronnement, ne différaient donc que de quelques jours, une semaine au maximum. Notre pharaon pouvait encore passer pour le souverain sous le règne duquel l'Égypte bénéficierait de ce phénomène exceptionnel.

Au reste n'avait-il pas, peu de temps avant le décès de son père, repoussé, en une brève bataille navale, l'invasion de *Shardanes* alliés aux Libyens, ces « guerriers de la mer » qui tentaient d'envahir le Delta ? Il avait fait des prisonniers, confiés à ses officiers et transformés très rapidement – ô miracle ! – en précieux mercenaires fidèles à leurs nouveaux maîtres.

Ce programme d'avenir tracé ne laissait pas moins Ramsès dans l'expectative des jours impressionnants tant attendus, puisque dès son initiation, alors investi des secrets régissant l'univers, *le ciel frémirait, la terre tremblerait lorsqu'il prendrait possession du royaume de Rê*. Le déroulement du parcours initiatique était certainement répété au cours de la *Confirmation du pouvoir royal* célébrée chaque année, au Jour de l'An, dans les *temples de Millions d'années* des rois, au moins dès le début du Nouvel Empire, et très probablement bien avant. Un papyrus mentionnant ce rituel est, par chance, conservé au musée de Brooklyn, à New York.

La purification du prince

Dès les premières lueurs de l'aube, des prêtres cérémoniaires pénétrèrent dans le palais, au réveil de Ramsès, et l'emmenèrent en chaise à porteurs devant la porte du pylône du temple, où le rituel du « Baptême de Pharaon » allait constituer la phase préliminaire des cérémonies. Ces rites devaient être accomplis devant quelques très hauts fonctionnaires. Il semble que la reine n'ait pas été présente.

Quatre prêtres, l'un portant le masque du faucon Horus, l'autre celui de l'ibis de Thot*, puis encore celui de Seth, à l'animal non encore identifié, rappelant la tête de l'oryctérope et parfois celle de l'âne, et enfin celui qui personnifiait *Doun-âouy* (« celui aux ailes éployées »), encadrèrent le roi au sud et au nord, puis à l'est et à l'ouest. Avec une aiguière d'or ils versèrent sur la tête et les épaules de Ramsès la libation sacrée, figurée par un jet discontinu formé des signes *ânkh* et *ouas*. Ainsi purifié par cette sainte aspersion émanant des quatre points cardinaux, Ramsès allait, à neuf

Thot : dieu patron des scribes. Deux animaux lui sont consacrés : le babouin et l'ibis. Il peut aussi, et c'est le cas le plus fréquent, revêtir l'aspect d'un homme à tête d'ibis. Divinité de la région d'Hermopolis.

« Horus Posno » levant les bras pour verser le vase d'eau de purification (disparu). IIIe période intermédiaire. Paris, musée du Louvre.

reprises, recevoir l'onction des huiles saintes, protection assurée contre toute attaque du mal. Ce sont les onguents des sanctuaires vénérables de la Haute-Égypte et de la Basse-Égypte. Ils font aussi bénéficier les chairs du pharaon de la protection magique d'Isis.

La phase de l'allaitement

Une seconde phase des rites allait commencer, dont le reflet se retrouvait dans la scène de l'allaitement parfois représentée aux murs des temples où Pharaon, intentionnellement figuré de petite taille mais vêtu en souverain, est allaité par une image divine féminine. Cette scène mimée devait confirmer l'essence même de Ramsès nourri dans le giron universel, et ayant ainsi reçu l'*eau-de-la-vie*. Dès lors, toute origine humaine disparaissait du contexte royal.

Revêtement de parures et imposition des couronnes

Dans le saint des saints, le cérémoniaire chargé de la personne royale avait pris en main une longue étole de lin rouge. Elle portait, tracées à l'encre, trente images de couronnes blanches et trente images de couronnes rouges, décor complété par la silhouette de Ptah*, maître de Memphis et des jubilés royaux. Les franges de cette étole doivent être nouées soixante fois, puis être placées autour du cou de Ramsès. On dépose ensuite dans les mains du roi deux sceptres : le *ânkh* et le *ouas*. Ramsès reçoit encore deux parures frontales – le diadème-*séshed*, auquel est fixé l'*uraeus*, le bandeau-*shésep* –, et le lourd contrepoids de collier, le *méânkh* : *celui qui donne la vie divine*. De nombreuses amulettes sont ensuite fixées sur l'étole de lin rouge.

Ramsès allait aussi recevoir les sandales pures de peau blanche, et surtout le *bâton des pays étrangers* devant affirmer, au moment des processions rituelles, sa maîtrise sur les forces du mal.

Puis les officiants procédèrent à l'habillage de Pharaon. Pour une action si riche en symboles, il n'était pas question de faire revêtir à Ramsès une de ces magnifiques tuniques en lin plissé apparues à profusion dans les garde-robes princières dès le début des règnes de Thoutmosis IV puis d'Aménophis III. Les atours des premiers temps étaient de rigueur. Ramsès, torse nu, devait simplement porter le pagne dont le modèle royal était celui de Narmer, le premier pharaon de l'ère historique.

Alors, assis sur un siège archaïque placé sur une estrade, Ramsès, à nouveau encadré par Horus et Thot (ou Seth), rôle toujours joué par des prêtres qui lui apportent la couronne blanche du Sud et la couronne rouge du Nord, va recevoir le *pschent*, composé de la réunion de ces deux couronnes. Les deux déesses (ou mères) primordiales, Nékhabit (souvent représentée par un vautour) et Ouadjet (le cobra femelle sacré), sont évoquées par deux prêtresses assises à côté de Ramsès : elles lui équilibrent le *pschent* sur la tête.

Ptah : dieu protecteur des artisans, il entretient un lien particulier avec la royauté et joue un rôle important dans la célébration de rites jubilaires. Divinité de la ville de Memphis.

À gauche
L'uraeus, cobra femelle dressé au cou dilaté, figure au front du roi et sur les coiffures des dieux. La puissance magique du cobra se met au service du pharaon. Paris, musée du Louvre.

Au centre
Ânkh, symbole de vie. Thèbes-Ouest, Vallée des Rois, tombe d'Aménophis II. Le Caire, Musée égyptien.

À droite
Ouas, symbole de puissance. Nécropole de Meir. Le Caire, Musée égyptien.

Page ci-contre
Buste d'une statue de granit de Ramsès II. Londres, British Museum.

Des prêtres ayant coiffé des capuches à tête de faucon et à tête de chien, personnifiant les génies des villes de Pé et de Nékhen, procédèrent alors, par des gestes rythmés des bras, à l'accueil du roi : ce sont les évocations des lointains ancêtres du roi. Puis, dans la chapelle reproduisant l'aspect du sanctuaire primitif de Nékhabit, le *Per-our* (« la Grande Maison »), et dans celle de Ouadjet et du Nord, le *Per-neser* (« la Maison de la Flamme ») ou *Per-nou*, des coiffures liturgiques variées furent présentées au récipiendaire, successivement déposées sur sa tête, parmi lesquelles la couronne-*atef* de Rê, flanquée des plumes d'autruche, le bandeau de tête *séshed*, la couronne-*hénou*, la couronne-perruque *ibès*, les cache-perruque de lin, dont le *némès*.

Détail d'une statue colossale de Ramsès II : pagne gravé au nom royal : « Ramsès aimé d'Amon », *avec une dague glissée sous la ceinture dont la boucle porte un cartouche :* « Ousermaâtrê Sétepenrê ». *Louxor, cour de Ramsès II.*

Couronnement de Ramsès II protégé par les deux mères tutélaires. Le pschent est conféré, ici, par Horus et Thot. Karnak.

Enfin, révérence faite au maître de Karnak, Amon équilibra sur le chef du nouvel initié le *khépéresh* de peau d'autruche, très improprement appelé « casque de guerre », dans la suite porté journellement par Pharaon, et témoignant de la *fonction d'Atoum** ainsi conférée pour exercer la royauté. Amon, assis sur son trône, couronne ainsi le roi agenouillé, lui tournant le dos afin que le dieu puisse lui poser la main sur la nuque. Dès lors, Pharaon transfiguré par les rites de passage est situé hors du temps. Il lui est déclaré : *« La terre t'est donnée en sa longueur et en sa largeur, nul ne la partage avec toi. »*

Atoum : dieu égyptien créateur. C'est lui qui créa, de sa semence ou de son crachat, le premier couple divin, Chou et Tefnout, d'où descendirent les principaux dieux de l'Égypte antique. Divinité de la région d'Héliopolis.

L'établissement du protocole

Le moment de lui attribuer son protocole, formé des cinq grands noms régissant le programme de son règne, et établi par le scribe royal de la *Maison de vie*, Samout, était venu.

L'épithète de *Taureau puissant aimé de Maât* fut choisie pour son « nom de bannière » (nom d'Horus) inscrit dans l'image d'une enceinte de palais dominée par le faucon d'Horus. Puis, protégé par les deux mères tutélaires symbolisées par le vautour et le cobra, il devient *Celui qui protège l'Égypte et soumet les pays étrangers*. Vient le titre d'« Horus d'or » : il sera *Riche en années, grand de victoires*.

Quant aux deux derniers noms, ils sont contenus chacun dans un cartouche ovale, aboutissement du signe *shénou* rond, allusion à l'orbe du soleil. Le premier cartouche, précédé du titre *Roi du Sud et du Nord*, contient la simple répétition d'*Ousermaâtrê*, « Puissante est la Maât (facteur de cohésion, énergie essentielle à l'harmonie

Cartouches de Ramsès II.

universelle) du soleil», à quoi, dans les très proches années, Ramsès ajoutera *Sétepenrê* («Choisi par le soleil»). Le deuxième cartouche contenait *Rameses*, son nom de naissance, prononcé alors par sa mère. Bien plus tard, le roi le fera orthographier *Ra-mes-sou*.

Ce grand nom allait alors être adressé, par décret, vers les différentes provinces du pays.

Toute la liturgie sacrée, prononcée au cours de ces longues cérémonies, avait exalté Ramsès qui imperceptiblement se sentait passer dans un autre monde. C'était l'instant choisi pour que l'héritage millénaire lui soit transmis.

Transmission de l'héritage millénaire

Prophylactique : qui a trait au traitement préventif visant à éviter l'apparition d'une maladie.

Ramsès allait se prêter à l'onction au ladanum et à la remise, à son cou, d'amulettes prophylactiques*, rituel exécuté cette fois aux accents de l'hymne à Horus. Puis vint l'acte le plus important, la communion.

Il lui fallait avaler une image symbolique comestible modelée dans de la mie de pain, évoquant le signe hiéroglyphique de la *fonction (iaout)*, qu'on lui avait au préalable marqué sur la main avec de la gomme-résine humectée de salive. Dès lors le pouvoir de gouverner lui appartenait :

Signe iaout *servant à écrire le mot «fonction» (primitivement conférée à Pharaon par Atoum).*

*«L'emblème-*iaout *d'Horus est à lui.*
Son pouvoir de gouverner est à lui !»

Alors, il fallait évoquer les temps passés du précédent règne. Une galette avait été modelée avec *de l'humus de la zone inondée des champs*, à quoi étaient mélangés, à nouveau, divers éléments minéraux, cependant que certains insignes royaux, destinés à indiquer le pouvoir conféré, étaient placés au cou de Ramsès : images d'un faucon, d'une abeille et des sceptres. Puis, il fut fait offrande de sept images divines de la *Maison de vie* du temple, en argile, sous leur forme animale, une flamme sortant de la bouche. Maintenant, la nuit venue, une sorte d'incubation était imposée à Ramsès, qui allait l'introduire à une nouvelle existence, celle de son règne. Un lit avait été aménagé dans le saint des saints. On avait remis au roi quatre sceaux de bois. Deux étaient au nom de Geb, un à l'image de Neith, un dernier portant le nom de Maât. Il est écrit que ces sceaux furent alors *placés sous la tête du roi quand il était couché* ; Ramsès était déjà entré dans une semi-léthargie.

Horus à tête de faucon présente à Ramsès II le hiéroglyphe ânkh, *symbole de vie. Abydos. Paris, musée du Louvre.*

Après ce simulacre de mort symbolique, le « réveil » allait entourer Ramsès d'une étrange atmosphère magique. Avant tout, le nouveau souverain fut placé sur un *trône mystérieux construit sur une pierre*, naturellement prophylactique. Ramsès devait tenir d'une main la galette d'humus, et de l'autre très probablement une hirondelle. Puis le faucon d'Horus était amené par le cérémoniaire. L'hirondelle avait pour rôle de maudire ceux qui pourraient porter atteinte à Horus, alors que le faucon devait annoncer à Horus lui-même que son héritage venait d'être transmis. Pour que la protection soit acquise au bénéficiaire du nouveau règne promis à des temps glorieux, un dernier rite devait se dérouler : celui de la destruction de toutes les forces nocives, illustrée par la décapitation de deux séries de sept plantes. Il faut d'abord que le roi sente leur odeur, avant de couper la tête de chacune d'elles. On peut alors habiller Pharaon d'une robe de lin rouge dont le revêtement est fait d'amulettes prophylactiques.

Puis Ramsès revient dans la *Maison de vie* pour recevoir l'offrande de neuf oiseaux vivants, d'espèces différentes, pendant que l'on suspend à son cou un faucon d'or, un vautour de fritte émaillée et un chat de turquoise. Parmi les oiseaux, on reconnaît le faucon, le vautour, un milan, l'oie du Nil, un oiseau-*mésyt*, une hirondelle, une grue, tous protecteurs. À un moment donné, on déployait les ailes du faucon puis celles du vautour derrière la nuque du roi.

L'arbre-*ished* et la longévité de Pharaon

*Amon-Atoum et Séshat inscrivent les noms de couronnement de Ramsès sur les fruits de l'arbre-*ished*. Thèbes-Ouest, Ramesseum. (Dessin Sabri.)*

Cette imposante scène du couronnement qui se déroulait dans le secret du temple était le rituel le plus important de toute la royauté, et devait être répétée à chaque Jour de l'An, dans ses grandes lignes, afin de renouveler son efficacité. Pour Ramsès, la première étape avait dû se passer à Memphis. Sans doute alors la liturgie s'était-elle terminée à Héliopolis, dans une des cours sacrées où le bel arbre-*ished* (un perséa) recevait tous les soins. Les Égyptiens savaient que les fruits des perséas, qui bordaient les canaux, mûrissaient peu avant l'arrivée de l'Inondation, comme pour faire bien augurer du Jour de l'An. Une des conclusions du sacre consistait donc à inscrire les noms et prénoms des pharaons sur les fruits de l'arbre sacré. Ramsès était assis sur le trône archaïque devant le perséa. Derrière lui s'était matérialisée l'image d'Atoum, l'auto-démiurge qui l'assurait de la perpétuité de son pouvoir sur terre. Armé d'un calame*, le *Maître des origines*, d'un noble geste, traçait sur l'un des fruits qu'il soutenait de la main le nom de couronnement : *Ousermaâtrê Sétepenrê*. Face au roi, Séchat, *Maîtresse des écritures et souveraine des livres* – suivie de Thot, l'intelligence divine –, accomplissait le même rite sur un autre fruit, tout en tenant de l'autre main le signe des jubilés promis pour *des millions d'années*.

Quand elle avait quitté l'enceinte sacrée, la fête couvrait toute l'Égypte. Le roi s'était sans doute prêté aux rites célébrés en public, en terrassant le taureau sauvage, en poursuivant les cruelles autruches,

Calame : roseau taillé en pointe utilisé comme outil d'écriture.

Page de droite
Harpiste, joueuses de sistre et acrobates participent à la fête d'Opet. Relief du sanctuaire de la barque d'Hatchepsout. Karnak, musée en plein air.

en transperçant de ses flèches de lointaines et lourdes cibles, etc. Puis il allait défiler sur son char plaqué d'or, tel le soleil, au milieu de son peuple dont l'allégresse était renforcée par la clémence du nouveau souverain ayant accordé la remise de nombreuses condamnations (déjà l'amnistie !).

La grande fête d'*Opet*

La liesse reprendrait rapidement après les quinze jours au cours desquels on célébrait le Nouvel An, puisque, dans cette période où l'activité était très ralentie par l'heureuse invasion de l'eau bienfaisante sur les terrains, la fête d'*Opet*, durant vingt-trois jours, allait être célébrée à Thèbes.

C'était l'occasion, pour tous les riverains, d'apercevoir au cours d'un défilé fastueux la barque sacrée, d'une richesse incroyable, véhiculant l'image d'Amon, suivie par les deux embarcations de la déesse Mout* et de Khonsou*, l'image du dieu-fils. La procession se déroulait entre le sanctuaire de Karnak et celui de Louxor, plus au sud, où le maître de Thèbes allait célébrer, pendant plus de onze jours dans le temple, son hymen avec sa parèdre*, et le renouvellement de son *ka**.

Empruntant le canal parallèle au Nil, plus proche du temple de Karnak, les barques divines étaient placées sur de grandes embarcations fluviales, halées par les fidèles et la troupe : elles étaient durant tout le parcours l'objet de l'admiration et de la dévotion. Le grand prêtre d'Amon venait de décéder et Ramsès décida de conduire lui-même tout le déroulement du panégyrique. Il revêtit donc la peau sacerdotale de guépard, mais, fait unique dans les annales de l'Égypte, la légende écrite accompagnant la

Mout : déesse symbolisant les valeurs maternelles, épouse d'Amon, elle est figurée par une femme coiffée d'une dépouille de vautour et de la couronne blanche. Dangereuse, elle peut se transformer en lionne. Divinité de la région de Thèbes.

Khonsou : divinité lunaire à tête de faucon surmontée d'un disque et de deux uraeus, qui lutte contre les forces des ténèbres au côté de Pharaon.

Parèdre : nom ou adjectif qualifiant une divinité souvent inférieure et habituellement associée, dans le culte, à un dieu ou à une déesse plus puissant(e).

Ka : élément immatériel qui concentre l'énergie vitale des hommes et des dieux, il incarne par ailleurs la divinité du pharaon.

scène figurée lui donne le titre de *Premier Prophète d'Amon, le Roi du Sud et du Nord, Ramsès Ousermaâtrê.* Le jeune et impétueux souverain, à la fougueuse volonté confortée par la transfiguration du sacre, allait dès lors et pendant les trente premières années de son règne connaître une activité sans limite.

Statuette du dieu Amon Min. Paris, musée du Louvre.

Le roi bâtisseur

Pharaon, accompagné de Nofrétari, bénie du dieu pour lui avoir donné son fils aîné, allait ensuite célébrer la fête de Min, garant des riches moissons. Il ferait mieux encore : convoquant ses architectes, il leur ordonna de dresser les plans d'une immense cour aux portiques riches en statues, englobant les chapelles des barques, devant le temple de Louxor. Un imposant pylône devait clôturer l'enceinte sacrée, ornée sur le parvis de colosses et de deux obélisques.

Ramsès envisageait aussi, sans plus tarder, de tracer au sol la marque de son futur temple jubilaire, sur la rive gauche de Thèbes. Le meilleur endroit lui paraissait être celui qui jouxtait le petit édifice que, peu de temps avant la mort de son père, il avait projeté de faire ériger pour sa mère Touy, qu'il se plaisait désormais à faire appeler Mout-Touy – habile façon de suggérer que cette mère procédait de la parèdre d'Amon.

Le choix d'un nouveau grand prêtre d'Amon à Karnak

Il fallait donc procéder à la nomination d'un nouveau grand prêtre, après le décès de Nebnétérou, dont Ramsès avait rempli l'office durant la fête d'*Opet*. L'entourage du jeune pharaon se prêta avec complaisance au rituel de sélection des candidats.

Amon lui-même devait choisir son nouveau grand serviteur, par le truchement de son oracle. Il accepta le nom de Nebounénef parmi ceux de toutes les personnalités présentées. L'élu devrait alors quitter ses fonctions de grand prêtre d'Onouris à This et d'Hathor à Dendérah, pour mener à Karnak, avec la plus grande habileté, la diplomatie de Ramsès.

C'était maintenant le retour des barques sacrées vers Karnak. Elles devaient emprunter le chemin de terre, jalonné de chapelles-reposoirs où les nacelles déposées offraient à la foule le spectacle de petites statuettes précieuses, supports matériels de la force divine et invisible. Les lourdes barques, étincelantes, étaient portées sur des brancards par les prêtres en longues robes de lin blanc, au crâne

Page de droite
Entrée du temple d'Amon avec deux statues de Ramsès II assis et l'obélisque. Louxor.

endroit s'élevait la forteresse de Tjékou (en hébreu *Succoth*), quartier général de la police chargée de contrôler les tribus bédouines entrant dans le Delta pour y faire paître leurs troupeaux. Sur environ 160 kilomètres, la route du Delta à Gaza était, après les campagnes de Séthi, dotée d'environ douze points fortifiés protégeant des puits (*khénémet*).

Il y avait également des sortes de quartiers généraux : Gaza en était un exemple, dont le rayonnement s'étendait jusqu'à la plaine d'Asdralon. La vallée de la Béka, au nord de Damas, devint aussi un quartier général égyptien. Pour l'approvisionnement des troupes, Jaffa était un centre important de stockage des grains. Sous les Ramessides un dépôt de chars y fut établi ; enfin la forteresse de Mageddo fut responsable de la moisson de la plaine d'Asdralon.

À la veille de la seconde expédition en Syrie

En l'an 5, fort de la puissance de son armée aux « rouages », semblait-il, éprouvés, Ramsès, dans sa trentième année, se préparait à traverser le pays de Canaan pour aborder les Hittites en Amourrou.

Ses préoccupations guerrières ne lui faisaient pas pour autant négliger la bonne gestion du pays. Sur la demande du vizir Pasar, il procéda à la nomination de Ramosé, le lettré, comme scribe de la *Place de Vérité* (Deir el-Médineh). L'administration des précieuses nécropoles royales de Thèbes-Ouest était ainsi renforcée.

Il allait alors engager une bataille qui, de nos jours, est citée comme la *première grande bataille de l'Antiquité*, et dont les commentaires, en grande partie fournis par Ramsès lui-même, nous ont conservé des informations historiques quasiment directes, par les écrits et les représentations.

Statue du scribe Ramosé.
Deir el-Médineh.
Paris, musée du Louvre.

3

LA BATAILLE DE QADESH

Ramsès II tenant des prisonniers.
Memphis. Le Caire, Musée égyptien.

Pourquoi Qadesh ?

Pourquoi cet affrontement des armées de Pharaon et de la confédération hittite revêtait-il tant d'importance ?

Il s'agissait de savoir qui, des deux souverains, Mouwattali ou bien Ramsès, donnerait à son pays la place prépondérante entre Tigre-Euphrate et Méditerranée pour devenir le maître des échanges commerciaux, ce qui l'élèverait *ipso facto* à la tête de la plus grande puissance de l'époque.

Depuis la XVIIIe dynastie, les pharaons s'étaient efforcés de s'implanter, en s'opposant au Mitanni*, sur la vallée de l'Oronte et surtout dans la citadelle de Qadesh (actuellement Tell Nébi Mend), qui commandait la marche vers l'Euphrate. Avant le début de l'époque ramesside, le danger mitannien avait disparu : la paix s'était établie, une fois de plus, par les mariages des pharaons avec les princesses de ce pays. La région était alors administrée par des gouverneurs égyptiens, chargés d'entretenir une certaine harmonie entre les multiples princes locaux qui versaient alors régulièrement les impôts à la Couronne.

Mitanni : royaume du nord de la Syrie actuelle. Cet État féodal était dirigé par une noblesse d'origine guerrière.

Le conseil de guerre tenu par Ramsès, après l'arrestation des émissaires hittites. Abou Simbel, salle hypostyle.

Cette organisation fut en partie disloquée lorsque l'Égypte, sous le règne d'Akhénaton, ne veilla plus à maintenir fermement ses positions asiatiques. Ainsi, profitant de cette faiblesse, le lointain voisin anatolien, le Hittite, veillait à se ménager une place enviable, dans ce Proche-Orient en conflit perpétuel, formé d'une poussière de cités-États.

Au début du règne de Ramsès II, Mouwattali, son égal en âge, était encore à la tête du Khatti. De sa capitale de Boghazköy, il était beaucoup plus proche que Ramsès des régions où les opérations militaires allaient reprendre, et pouvait porter des jugements très précis sur les terrains de rencontre, ce qui devait lui donner une grande supériorité sur l'Égyptien.

Peut-être pour endormir la vigilance de Ramsès, durant la première campagne de Syrie de ce dernier, Mouwattali n'intervint pas, et laissa croire à Pharaon qu'il pouvait à ce point être peu soucieux de ses intérêts. Il lui fallait en effet bénéficier de tout son temps pour s'assurer, « par la menace ou par la corruption », la coopération de plus de vingt petites principautés de l'Asie Mineure et de la Syrie septentrionale !

Une rencontre, inévitable maintenant, allait avoir lieu entre deux grands royaumes, chacun au sommet de sa puissance. Cette bataille, attendue par chacun des deux antagonistes, allait abondamment alimenter les archives des deux pays. Du côté égyptien, Ramsès ordonna que le *bulletin* historique, rapport circonstancié de style plutôt militaire, fût consigné dans ses principaux temples. On en a retrouvé les exemplaires aux murs de cinq de ses sanctuaires : à Abydos, à Louxor, au Ramesseum, et deux en Nubie – dans le grand temple d'Abou Simbel et dans celui de Derr. Ce *bulletin* est illustré de bas-reliefs évoquant les principales phases de la bataille, sur de vastes surfaces où la grande composition, animée par la mêlée des combattants et les exploits de Ramsès, est une réelle innovation au regard de l'ancien système des représentations traditionnelles, toujours réparties, depuis les origines, en registres décoratifs décomposant, pour ainsi dire, toutes les étapes de l'action. Cette originale relation de la bataille était, pour les quatre temples métropolitains, assortie d'un texte indépendant, beaucoup plus détaillé – mais restrictif pour certains détails pourtant d'importance –, à tendance plus littéraire, dicté en l'an 9, vraisemblablement par Ramsès lui-même à un de ses scribes nommé Pentaour. Le grand temple d'Abou Simbel, s'il est illustré d'une des versions les plus condensées et suggestives du *bulletin*, ne présente pas de version du *poème*. Trois papyrus, jusqu'à présent, ont conservé le souvenir du texte tracé par Pentaour.

La bataille de Qadesh, d'après le *Poème de Pentaour*

Extrait du Poème de Pentaour. *Papyrus. Paris, musée du Louvre.*

En voici quelques passages :

Ici commence la victoire du roi de Haute- et Basse-Égypte, Ousermaâtrê Sétepenrê, le fils de Rê, Ramsès Méryamon…

Sa Majesté était un seigneur plein de jeunesse… actif… ses membres puissants… son cœur vigoureux… sa force comme celle de Montou… parfait d'aspect comme Atoum, on se réjouissait à voir sa beauté… grand de victoires… on ne savait pas quand il désirait combattre ; [*il était*] *un solide mur pour son armée ; leur bouclier le jour du combat, un archer sans pareil. Il est brave plus que des centaines réunies… ; comme le feu au moment où il se consume… un million d'hommes sont incapables de rester debout devant lui… ignorant la frayeur… ; comme un lion sauvage dans la vallée des animaux du désert ; ne parlant pas comme un vantard… sauvant son armée le jour du combat… ramenant au foyer ses suivants, et sauvant son infanterie, son cœur étant comme une montagne de cuivre…*

Sa Majesté partit en direction du nord, son infanterie et sa charrerie avec lui, et fit un bon départ la cinquième année, le second mois de la saison de l'été [fin mai], *le neuvième jour.*
Sa Majesté passa la forteresse de Tjarou, puissant comme Montou dans son apparition, tous les pays étrangers tremblaient devant elle, et leurs chefs d'apporter leurs tributs… L'armée longea les étroits défilés, comme si elle prenait les routes en Égypte…

Page de droite
Harpè de Ramsès II. Paris, musée du Louvre.

… Sa Majesté arrivait vers la ville de Qadesh et pendant que le vil vaincu de Qadesh était venu et avait rassemblé tous les pays étrangers jusqu'aux confins de la mer… [Mais] *il ne lui resta plus d'argent qu'il soutira de ses biens et qu'il donna aux pays étrangers pour qu'ils viennent combattre avec lui…*

… Maintenant, le vil vaincu du Khatti, ensemble avec les nombreuses nations étrangères qui étaient avec lui, se trouvaient réunis et prêts au nord-est de la ville de Qadesh, mais Sa Majesté était seule, ayant à ses côtés ses suivants…

… Mais le vil vaincu, chef du Khatti, se trouvait au milieu de son armée qui était avec lui, [mais ne vint pas combattre], *de peur de Sa Majesté. Cependant il avait lancé hommes et chevaux dépassant la multitude comme [les grains] de sable : il y avait trois hommes sur un seul char qui était équipé d'armes et d'instruments de guerre. Ils avaient été rassemblés pour se cacher derrière la ville de Qadesh, et maintenant ils arrivaient du côté sud de Qadesh et coupaient l'armée de Rê en son milieu, alors qu'elle arrivait : elle ne sut plus où se préparer à combattre. C'est pourquoi l'infanterie et la charrerie de Sa Majesté furent désemparées, pendant que Sa Majesté était au nord de la ville de Qadesh, sur la rive ouest de l'Oronte. On alla informer Sa Majesté de l'attaque.*
Alors Sa Majesté apparut en gloire comme son père Montou ; il endossa l'équipement de bataille et enfila son corselet. Il était comme Baâl à son heure ; le grand attelage qui transporta Sa Majesté était Victoire-dans-Thèbes, *de la grande écurie d'Ousermaâtrê Sétepenrê, aimé d'Amon. Alors Sa Majesté partit au galop et pénétra dans la horde des vaincus du Khatti, étant tout seul, aucun autre avec lui. Aussi Sa Majesté se mit à regarder autour de lui et il trouva que 2500 chars l'entouraient, composés des meilleurs guerriers des vaincus du Khatti et des nombreuses contrées étrangères qui étaient avec eux…*

Ramsès s'adressant alors au dieu Amon :
… Est-ce le rôle d'un père d'ignorer son fils ? Ai-je fauté envers toi ?… Je n'ai en rien désobéi à ce que tu m'as commandé ! Tiendras-tu compte, ô Amon, de ces Asiatiques si vils et si ignorants de Dieu ? Ne t'ai-je pas érigé de nombreux monuments, et rempli ton temple de mes butins ?… Fais le bien pour celui qui s'en remet à Toi !

Je fis appel à toi, mon père Amon, quand j'étais au milieu de multitudes que je ne connaissais pas. Tous les pays étrangers étaient contre moi… étant seul… personne avec moi, ma nombreuse infanterie m'ayant abandonné, et aucun de mes charriers ne me chercha !… Je n'ai cessé de les appeler, aucun d'eux ne m'a entendu.

Bague aux chevaux, réalisant le vœu de Ramsès de leur fournir, chaque jour, leur provende. Paris, musée du Louvre.

Ainsi parla Sa Majesté à son infanterie, à ses officiers supérieurs, de même à ses charriers : « ... Est-ce qu'un homme ne se grandit pas dans sa ville quand il revient et qu'il s'est comporté en brave en présence de son seigneur ?... N'avez-vous pas réalisé, dans vos cœurs, que je suis un mur de fer ? Que diront les gens lorsqu'on entendra que vous m'avez abandonné, seul avec personne, et qu'il ne vint vers moi aucun officier supérieur, capitaine ou soldat pour me tendre la main, lorsque je combattais ? »
J'ai vaincu des millions de pays étrangers, étant seul [avec] mon attelage : Victoire-dans-Thèbes et Mout-est-satisfaite, *mes grands chevaux. C'est en eux que j'ai trouvé un appui lorsque j'étais seul, combattant de nombreux pays étrangers...*

Sur ces entrefaites, le vil chef du Khatti envoya [un message] en rendant hommage à mon nom comme celui de Rê, disant : « Tu es Soutekh, Baâl en personne. Ta terreur est un brandon dans la terre de Khatti. » Alors il manda ses envoyés portant une lettre dans la main, au grand nom de Sa Majesté, adressant des salutations à Sa Majesté de la résidence de Rê-Horakhty...

« Ton serviteur parle et fait que l'on sache que tu es le fils de Rê, sorti de son corps. Il t'a donné toutes les terres, réunies en une place. Quant au pays d'Égypte et au pays de Khatti, ils sont à toi, ils sont sous tes pieds. Rê, ton noble père, te les a donnés... Vois, ta puissance est grande, ta force est lourde sur le pays de Khatti. Il est bon que tu aies tué tes serviteurs, ton visage sauvage tourné vers eux, et que tu n'aies pas eu de pitié ! Vois, tu as passé hier, tuant des centaines de milliers. Tu es venu aujourd'hui et n'as laissé aucun héritier. Ne sois pas dur dans tes actions, roi victorieux !
La paix est meilleure que combattre, laisse-nous vivre ! »

Alors Ma Majesté fut clémente, étant comme Montou en son temps, lorsque son attaque a remporté le succès. Puis Ma Majesté fit que me soient amenés tous les chefs de mon infanterie, de mes charriers et tous mes officiers supérieurs, réunis en une place, pour leur faire entendre le contenu de ce qui m'avait été écrit. Ma Majesté leur fit écouter ces mots que le vil chef du Khatti m'avait écrits. Alors ils dirent d'une seule voix : « La paix est extrêmement bonne, ô seigneur notre maître ! Il n'y a pas à blâmer une réconciliation quand tu la fais, car qui te résisterait le jour de ton courroux ? »

Alors Ma Majesté ordonna que ces paroles fussent entendues et je fis un repli pacifique en direction du sud. Ma Majesté s'en retourna en paix vers l'Égypte avec son infanterie et sa charrerie, toute vie, stabilité et domination étant avec elle... Ayant atteint l'Égypte en paix à Pi-Ramsès-aimé-d'Amon-grand-de-victoire, et demeurant dans son palais... les dieux de son pays vinrent à lui, [l']*honorant et disant : « Bienvenue, notre fils bien-aimé, roi de Haute- et Basse-Égypte, Ousermaâtrê Sétepenrê, fils de Rê, Ramsès Méryamon »... Ils le gratifièrent de millions de fêtes-*Sed, *pour toujours sur le trône de Rê, toutes les terres et tous les pays étrangers étant prosternés sous ses sandales pour l'éternité, sans fin.*

La bataille de Qadesh, d'après le bulletin militaire

Toute l'emphase dans l'angoisse d'un chef abandonné, désespéré mais déterminé à vaincre, puis l'ivresse de la victoire, et l'amertume aussi, se retrouvent dans ce texte, dicté par Ramsès à son scribe Pentaour, quatre années après cette exceptionnelle journée de combat. Les épisodes des informateurs, chargés de ce que nous appellerions de nos jours « l'intoxication », ont été délibérément gommés du récit. Certes Ramsès savait qu'ils n'étaient pas pour servir sa gloire, et n'auraient souligné que son incroyable imprudence. En fait, le *bulletin* militaire daté du jour de l'affrontement fut inspiré par des témoins militaires ayant certainement vécu ces heures tragiques. Le texte est sobre et laconique, assorti de commentaires illustrés se référant à des incidents vécus.

C'est en se fondant sur ces documents plus proches du réel que l'on peut s'efforcer de reconstituer dans ses grandes lignes la journée de Qadesh, en y réintroduisant les malheureux incidents passés sous silence dans le *Poème*.

Le départ de l'armée

En avant de la division d'Amon, Pharaon était précédé de ses officiers supérieurs qui encadraient le grand pieu à tête de bélier, insigne de la première division, solidement fixé sur un premier véhicule. Les 2500 hommes de la division devaient immédiatement le suivre. Pharaon était entouré de ses échansons, formant en partie son escorte avec les *Shardanes*, sa garde personnelle. Le vizir – dont le nom n'est cité nulle part – était également présent, avec les officiers généraux, restés eux aussi anonymes. Les membres de sa famille faisant partie de l'expédition étaient certainement ses fils aînés. Au moment de l'attaque du

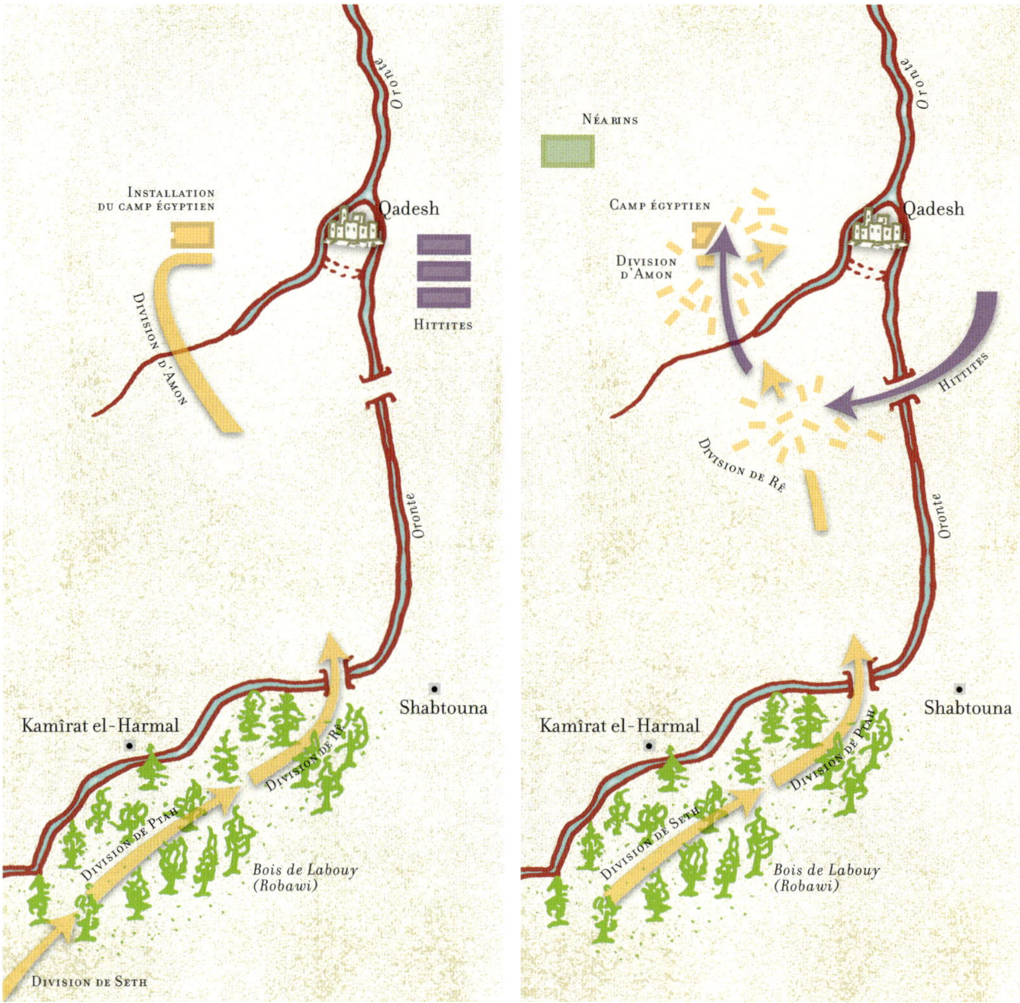

À gauche
Mouvement des quatre divisions de l'armée égyptienne avant l'attaque des Hittites.

À droite
Position des quatre divisions au moment de l'attaque.

camp, le nom d'une épouse royale est cité : Moutnofret. Serait-ce une confusion du scribe pour Isisnofret, seconde grande épouse royale ? Il semble plutôt que cette Moutnofret ait fait partie du « harem de voyage », étant préférée parmi les épouses secondaires, car le texte précise bien qu'il faut *mettre à l'écart les Enfants royaux et ceux de Moutnofret*.

Derrière la division d'Amon venaient celle de Rê puis celle de Ptah. Enfin, la division de Seth fermait le long défilé guerrier.

On sait, d'après les dates minutieusement notées, que ce corps expéditionnaire mit, jour pour jour, un mois pour atteindre les parages de la ville de Qadesh. L'intendance affectée à chaque division était chargée de la nourriture de base et du matériel de bivouac placé dans des chariots trapus, tirés par des bovidés et des ânes.

Ramsès remonta le long de la côte, peut-être au-delà de Tyr, vers Byblos. De là, il communiqua avec les forces Néarins, l'élite de l'armée qu'il avait installée quelques mois auparavant en prévision de son retour. Sans doute alors les envoya-t-il vers l'embouchure de l'Éleuthère, plus au nord, afin que, peu après, elles longent cette rivière en direction de Qadesh, non loin de sa source. La jonction des deux armées se fit au jour indiqué. Abandonnant la côte, l'armée dut se diriger entre le Liban et l'Anti-Liban, dans la dépression de la Béka, pour arriver non loin de Damas et de la station administrative fondée par Ramsès et nommée Pi-Ramsès-de-la-Vallée-des-Cèdres, en Amourrou, laissant loin derrière elle les *vassaux de Canaan*. La division d'Amon atteignit les dernières hauteurs montagneuses sur la rive est de l'Oronte et passa la nuit, à la veille de la bataille, à l'emplacement qui de nos jours porte le nom de Kamîrat el-Harmal.

La ruse ennemie

Au lendemain matin, Ramsès, en costume de guerre, *vêtu de la panoplie de Montou*, impatient de gagner les abords de Qadesh, conduisit sa division à travers le long bois de *Labouy*. Il voulait passer au plus vite le gué, sur l'Oronte, au sud de la ville de *Shabtouna*, afin d'avancer sur la rive droite du fleuve, à 12,5 km environ de Qadesh.

Ses éclaireurs repérèrent des hommes qui semblaient se cacher : ils les appréhendèrent et constatèrent qu'il s'agissait de deux bédouins, de la tribu des *Shasous*, se présentant comme délégués par leur groupe compris dans la coalition hittite, mais désireux d'échapper à l'oppression de Mouwattali. Selon eux, *le vaincu de Khatti est dans la terre d'Alep, au nord de Tounip, et il craint trop Pharaon pour se rendre au sud*.

Ramsès ne comprit pas qu'il s'agissait d'une manœuvre. Manœuvre imaginée par Mouwattali dont les armées, environ 20 000 hommes, comprenaient 2 500 charriers. Ces forces étaient massées bien près de Pharaon, au nord-est de Qadesh, cachées derrière la citadelle.

Un plan de bataille dut immédiatement venir à l'esprit de Ramsès : en fonçant vers la forteresse si convoitée, et rendue plus vulnérable par l'absence de Mouwattali et de son armée, il pourrait sans grandes difficultés la prendre par surprise, puisqu'elle paraissait ne pouvoir

reçoivent une correction d'un soldat. Des enfants de troupe figurent parmi le personnel qui s'occupe du matériel à entretenir, et assistent ceux qui pansent les bêtes, maintiennent en état les armes, inspectent les chars, préparent les repas ou encore soignent les « éclopés » de la route.

Au centre, ou presque, un grand lion couché, langue pendante, est désigné comme *le lion vivant de Sa Majesté, égorgeur de ses ennemis*. Devant lui, son dompteur parfait son dressage. À l'opposé de cette tranquille activité et de ces instants de repos, subitement un mouvement anime les personnages du côté de l'est : des hommes en armes courent, boucliers en avant ; d'autres affrontent les occupants de chars hittites qui viennent de pénétrer dans le camp par la palissade orientale. Certains sont déjà tombés de leur véhicule : des soldats de Pharaon les mettent à mal. Voici qu'un officier royal, sur son char, surgit : il tend un bras comme pour donner un ordre. Il est précédé par deux autres chars conduits au galop, montés par des princes, et qui s'enfuient vers l'ouest.

Que se passe-t-il donc ?

Les conséquences de la ruse

Les deux *Shasous*, provocateurs chargés d'endormir tous soupçons, avaient conduit à la catastrophe Ramsès qui, dans son impétuosité, dans sa rage à vouloir voler une victoire, dans son inexpérience, était incapable d'entrevoir une félonie à son égard. L'ennemi, massé au nord-est de Qadesh, tapi derrière la citadelle et la végétation environnante, allait attaquer sur deux fronts, aussi bien le camp que la deuxième division, celle de Rê, qui venait à son tour de passer le gué de Shabtouna, se disposant à rejoindre la première armée d'Amon.

Or, pendant que le campement s'organisait, Ramsès était informé que deux éclaireurs ennemis en reconnaissance, rôdant dans les parages, venaient d'être interceptés. Roués de coups, ils avaient fini par avouer, devant Pharaon qui les interrogeait, la tragique vérité : « *Nous [appartenons] au chef du Khatti ; c'est lui qui nous a envoyés pour épier l'endroit où se trouve Sa Majesté.* »

La réaction de Ramsès fut à nouveau immédiate, et la rapidité dont il a fait preuve devant une situation aussi dramatique

Sous la tente de Ramsès, à l'intérieur du camp de la division d'Amon, Ramsès réunit d'urgence son vizir et ses officiers. Au registre inférieur, Shardanes *et fantassins égyptiens entourent la bastonnade des émissaires hittites.*

témoigne de sa présence d'esprit et de son indiscutable valeur : il convoqua aussitôt son état-major afin qu'il vît l'effroyable désastre qui se préparait.

Ce n'était évidemment plus le moment de souligner les négligences coupables de son service de renseignements, alors que son conseil reconnaissait ses carences, constituant *un grand crime*. Il dépêche, d'urgence, le vizir accompagnant le petit prince Parêherounémef, *Premier brave de l'armée, surintendant des écuries*, et des messagers vers Shabtouna pour que la division de Ptah presse le pas. Elle était peut-être encore en partie engagée dans le bois de *Labouy*. Ne parlons pas de celle de Seth, la plus éloignée. Quant à la division de Rê, Ramsès jugeait qu'elle devait être prête à rejoindre celle d'Amon près du campement.

Pendant ce temps, Mouwattali déclencha son offensive, gardant par-devant lui environ 10 000 fantassins, et envoyant 2 500 chars armés chacun de trois occupants (un conducteur, un écuyer, un archer) en direction de l'Oronte, traversant le gué le plus proche de Qadesh, pour rencontrer les Égyptiens sur la rive occidentale du fleuve. Bientôt, ses soldats s'efforceraient d'investir le camp de Pharaon.

La grande bataille de Qadesh, qui ne dura qu'à peine une journée, et dont Ramsès fit un événement capital, celle sur laquelle on demeure encore mieux documenté que sur tout autre engagement militaire avant celui de Marathon (490 avant notre ère), venait de commencer.

Abou Simbel, reliefs peints du grand temple : la bataille de Qadesh. Extrait de Jean-François Champollion, Monuments de l'Égypte et de la Nubie, *1835*.

La mêlée

Ramsès ignorait que la charrerie de Mouwattali venait de passer l'Oronte, et avait littéralement coupé en deux la colonne formée par la division de Rê, dont les éléments ne pouvaient s'attendre à une attaque aussi violente qu'imprévue. Les soldats, la cavalerie, s'efforçant d'échapper aux assaillants, se ruaient vaille que vaille vers le camp de Ramsès entouré de la division d'Amon. Le conseil de guerre, pourtant très restreint, réuni par Ramsès, était à peine achevé que alerté par le fracas si proche des armes, Pharaon fit évacuer sa famille, réussit à réunir sa garde rapprochée, et fit équiper son char par son écuyer Menna, pour foncer dans la mêlée en un temps miraculeusement bref.

Poussant de véritables hurlements de guerre, sûr de la fidélité de Menna, son écuyer, qui parvenait à dominer sa peur devant un inimaginable engagement sans espoir, Ramsès venait de surpasser ses possibilités humaines. Entièrement confiant dans cette lumière divine qui l'habitait, mais aussi grisé par la rage, il tirait flèche après flèche, dirigeait son char par les rênes passées autour de ses reins, pour laisser les mains libres à Menna affairé à lui tendre les projectiles, tout en le protégeant de son bouclier. La charge désespérée, aveugle presque, était conduite par un véritable démon !

« *Ce n'est pas un homme !* » hurlaient les adversaires, comme paralysés ou touchés à mort.

L'arrivée des Néarins

À six reprises, Ramsès contre-attaqua ; il était sur le point d'être totalement dépassé quand, brusquement, les rangs ennemis venaient de s'éclaircir : surgissant de l'ouest, en direction du camp, le magnifique contingent des Néarins, dont l'arrivée avait été magistralement programmée par le roi, venait d'apparaître. Remarquablement formé de combattants éprouvés, d'une discipline évidente à la seule vue de leur ordre de marche, tel un véritable rouleau compresseur, le carré compact de soldats en rangs serrés, bouclier contre bouclier – préfiguration de la « tortue » romaine –, venait de survenir, encadré de chars préparés à l'attaque.

Prenant en tenaille les chars ennemis qui encerclaient Ramsès, ils dégagèrent le fougueux pharaon sur le point d'être inexorablement submergé. Par le même effet, le camp livré au pillage était en partie libéré.

Double page suivante
Campagne de Ramsès II en Syrie (détail). Bataille de Qadesh. Louxor, Ramesseum.

Ramsès II sur son char, combattant les Hittites. Louxor, Ramesseum.

Poursuivant alors les ennemis vers le nord-est de la citadelle, épaulée par les Néarins – ce véritable commando de légionnaires ! –, la cavalerie égyptienne encore combattante, guidée par Pharaon, rassembla les éléments épars de la division de Rê, auxquels venait se joindre la division de Ptah, enfin arrivée à marches forcées, guidée par le vizir. Ce fut alors le déploiement des deux cavaleries adverses, qui s'affrontèrent.

Les reliefs illustrant les étapes majeures du *bulletin* ont rendu le déroulement de la rencontre en un magnifique registre médian qui réserve, à la partie inférieure, la place pour l'illustration du camp égyptien et le « conseil de guerre » présidé par Ramsès. En revanche, à la partie supérieure, tout autour de Pharaon puis de la citadelle de Qadesh, c'est l'évocation d'une effroyable mêlée, l'amoncellement des cadavres d'hommes et de chevaux, de chars brisés.

Puis on assiste à la dernière phase du combat : la charge victorieuse de la cavalerie, guidée par Ramsès, contre les chars hittites repoussés au sud de Qadesh, non loin du gué traversé dans l'autre sens par les Hittites, peu de temps auparavant.

La charge de la cavalerie égyptienne

Oui ! Ramsès dominait désormais la situation ! Oui ! La situation renversée, les chars hittites repassaient le gué, mais surtout, dans le plus grand désordre, chars, chevaux et guerriers étaient poussés dans le fleuve, la plupart se noyant !

Les détails figurés sur les bas-reliefs ont été pris sur le vif, tragiques souvent, mais parfois humoristiques ; ils sont restés profondément gravés dans la mémoire des combattants de Pharaon. De telles représentations visibles par tous, aux pylônes de Louxor ou sur les murs de Karnak, proposées à la vue d'un grand nombre de gens – ou même dans les sanctuaires pour que la force de l'image perpétue la victoire –, ne peuvent avoir enregistré des informations mensongères.

Des anecdotes imagées sont rendues avec une verve incroyable. Les artistes – et leurs inspirateurs – ont voulu faire participer le spectateur à l'ivresse désespérée du combat, à l'émotion de situations critiques et, en surplus, à des détails de la vie journalière. Le résultat est un chef-d'œuvre, qui doit beaucoup à la « libération » des arts véritablement imposée par Akhénaton. Après cette charge fulgurante vers les eaux de l'Oronte, le sort de la bataille avait définitivement changé de camp. La détermination désespérée de Ramsès avait été son premier atout incontestable dans cet affrontement démesuré.

Pourquoi Mouwattali resta-t-il, pendant toute la rencontre, obstinément proche de son infanterie, sur la rive gauche, mais à l'est de Qadesh, sans participer lui-même à l'attaque, et surtout sans lancer dans la mêlée son immense infanterie, au moment critique où sa cavalerie était repoussée vers l'Oronte ? Cet homme d'Anatolie, rompu à l'efficacité d'une diplomatie qui s'achevait

Charge de Ramsès contre les Asiatiques. Dessin de Bigant et Allais.

4

RAMSÈS, ROI-BÂTISSEUR

Tête de l'une des statues colossales de la façade du grand temple d'Abou Simbel.

L. BONDY

Conséquences immédiates de Qadesh

*La reine Touy,
mère de Ramsès II.
Le Caire,
Musée égyptien.*

Imenherkhépéshef, fils aîné du roi, avait fait ses preuves au cours de l'engagement de Qadesh. Ramsès savait qu'il pouvait le charger de responsabilités, pendant que lui-même se rendait dans le sud du pays.

Au reste, le prince portait un grand attachement à deux des plus fidèles et très efficaces serviteurs de Pharaon, sur lesquels il comptait.

C'était d'abord le vizir Pasar, très probablement demeuré dans la capitale du Nord pour gérer les affaires du royaume. Il y avait aussi Imeneminet, l'intelligence et la loyauté faites homme : aussi Pharaon venait-il de lui confier la direction des services (spéciaux, déjà !) qui contrôlaient les agissements hostiles à l'Égypte dans les territoires étrangers.

La frontière orientale avait été renforcée, ce qui dissuadait momentanément les *Shasous*, bédouins pillards, de toute agressivité. Ces mesures immédiatement préventives allaient être assorties d'une certaine épuration dans les cadres supérieurs de l'armée, puis d'une instruction « repensée » des troupes – et même des officiers de char – afin de les contraindre à une discipline plus rigoureuse dans l'art du combat. Le prince Imenherkhépéshef, chargé de faire appliquer les réformes, était très certainement secondé dans ce rôle par le général Ourhiya, dont le fils avait à ses côtés participé à la bataille de Qadesh.

Quoi qu'il en soit, Ramsès savait que, pendant son absence de la capitale, la reine mère Touy – Mout-Touy, se plaisait-il à la nommer – serait sa meilleure corégente… officieuse. Nul ne pouvait rivaliser avec sa sagesse et son esprit d'à-propos, qualités éprouvées durant ses premières expéditions syriennes, et que lui enviaient les deux grandes épouses royales, Nofrétari et Isisnofret.

Vers les temples du Sud

Ramsès devait effectivement se rendre dans les terres du Sud, et reprendre un contact direct avec les notables provinciaux, auxquels Qadesh serait contée, car nul ne devait douter de l'extraordinaire exploit du maître de l'Égypte. De surcroît, Ramsès désirait se rapprocher davantage de ses sujets. Il y avait aussi les grands travaux projetés, dès le début de son règne personnel, auxquels il prêtait la plus grande attention, puisqu'il n'avait pas voulu simplement faire appliquer un programme classique. Plus que jamais le temple, par son architecture et son décor même, devait faire allusion aux grands moments de l'histoire, mais aussi traduire mieux qu'auparavant certaines forces cosmiques dont dépend l'équilibre du monde.

Il fallait d'abord, partout où les édifices avaient été érigés à la gloire des multiples aspects du démiurge, faire éterniser le miraculeux combat de géant qu'il avait livré, quasi seul, devant l'adversaire le plus puissant parmi les pays du nord et de l'est. L'effet magique des reliefs entretiendrait son invincibilité dans toutes ses actions à venir.

La tri-unité après Aménophis IV-Akhénaton

Si l'on voulait résumer le concept d'un enseignement religieux, tel que Ramsès entendait le diffuser, on pourrait très succinctement se référer à certains termes d'un papyrus actuellement conservé à Leyde (I 350), porteur d'un texte contemporain de l'époque post-amarnienne et du début de la XIXe dynastie. Témoignage du syncrétisme de l'époque, on se réfère alors à la tri-unité : Amon-Rê-Ptah, trois dieux n'ayant réellement qu'une seule volonté. Voici un passage du chapitre 300 de cet hymne à Amon :

Statue du dieu créateur Ptah, assis. Nouvel Empire, XVIIIe dynastie. Turin, Musée égyptien.

Trois sont tous les dieux : Amon-Rê-Ptah ! Ils n'ont pas de pareils. Caché est le nom [le principe] *en qualité d'Amon ; la face est Rê ; son corps Ptah.*

Leurs villes sur terre sont établies à jamais : Thèbes, Héliopolis et Memphis, jusqu'à l'éternité.

... Pour tous, la vie ou la mort dépendent de lui... Amon, Rê [et Ptah], tous, ensemble trois.

Ce texte n'est pas sans quelque obscurité ; la seule clarté qui ressort nettement est que le dogme de la tri-unité y est suffisamment mis en relief pour qu'on le regarde comme indiscutable.

Le retour de Seth

À cette trinité, Ramsès voudra associer l'image de Seth. Séthi l'avait introduit à la tête de la quatrième division de son armée ; Ramsès comptait bien sur l'action de la division de Seth, issue de sa nouvelle capitale Pi-Ramsès-la-victorieuse, où l'impact de son temple le plus ancien, au sud de la ville, était complété par celui des sanctuaires d'Amon, de Rê et de Ptah, aux trois autres points cardinaux de la métropole. Le concept d'Amon (*Imen*, « le caché ») était maintenant largement commenté, et s'emparait progressivement des autres formes divines. On trouvait Amon-Atoum affairé à inscrire le nom du souverain sur les fruits de l'arbre-*ished* ;

Le dieu Amon (Amon-Min). Deir el-Bahari, temple de Thoutmosis III.

on rencontrait Amon-Min, également maître des ardeurs génésiques de la terre, Amon-Nil trônant sur une base constituée par les eaux de l'inondation. La corne de bélier d'Amon était employée pour indiquer, au côté du visage de Pharaon, sa divinisation sur terre...

Amon n'avait-il pas répondu à l'appel poignant de Ramsès devant la citadelle de Qadesh, au moment le plus tragique de son existence ? En enrichissant le domaine déjà acquis de la tri-unité, Ramsès renforçait l'esprit universaliste de son programme et minimisait la puissance d'un seul clergé. Amon pouvait aussi dominer l'influence des diverses théologies : chacun reconnaissait en lui « son » dieu, principalement ceux qui n'avaient pas accès aux temples. Il pouvait présenter l'aspect du « Dieu des Humbles », suivant l'heureuse formulation de B. Gunn. Ramsès voudra les favoriser et recommandera plus tard à son grand prêtre Bakenkhonsou de ménager un espace sur la face est du grand temple de Karnak pour permettre l'accès à l'*Amon-qui-écoute-les-prières*.

Tête du bélier d'Amon à la proue de la barque divine. Louxor, temple d'Amon.

Le programme architectural

Ramsès savait qu'il faudrait bien deux cycles d'inondation afin que les réformes mises en œuvre pour « moderniser » son armée deviennent efficaces : il partirait alors en force à la conquête des terrains perdus. Il disposait donc largement du temps pour réaliser ce qui lui tenait particulièrement à cœur : la concrétisation de son programme de symbolique architecturale. Avant d'atteindre le domaine d'Amon, il s'était arrêté à Abydos, près de son temple sur le point d'être achevé, et avait ordonné que le *bulletin* de la bataille figurât sur les murs extérieurs nord et ouest.

Arrivé dans la belle région thébaine, le roi retrouva l'ambiance des années de sa jeunesse où, en compagnie de Pasar, il avait visité les chantiers de la rive gauche, et l'ambiance de Karnak lors de l'« installation » du grand prêtre d'Amon, Nebounénef. Mais, depuis lors, le sacre avait définitivement fait de lui le fils du dieu, et il se présentait de plus en héros de Qadesh.

Dans la « maison » d'Amon, il avait choisi le mur extérieur sud de l'hypostyle pour y faire sculpter le déroulement imagé du *bulletin* (plus tard remplacé par d'autres scènes guerrières) ainsi que le long des abords sud-ouest du temple. À Louxor, à l'extérieur des cours et sur la face nord des tours du pylône, il tint à faire évoquer à trois reprises les phases principales du *bulletin*, livrées ainsi à la contemplation des foules.

Temple de prédilection : le Ramesseum

Enfin, après la traversée du fleuve, il venait s'attarder dans son cher *temple de Millions d'années*, le Ramesseum, ainsi nommé par Champollion, mais que, aux temps tardifs où Diodore de Sicile visitait l'Égypte, on considérait comme le *tombeau d'Osymandias*. L'architecture était presque intégralement achevée, mais non pas tout le décor. Alentour, le domaine était complété par de nombreux magasins où le trésor du temple commençait à s'accumuler : sur les flancs nord, ouest et sud, d'immenses greniers aux toits voûtés recevaient les réserves de grain pour la rétribution des prêtres et des ouvriers de la nécropole, mais aussi tout le matériel pour enrichir le mobilier rituel et les éléments du culte, et une grande quantité des présents offerts à la Couronne au Jour de l'An. S'y ajoutaient certaines habitations de prêtres, des bureaux administratifs, des laboratoires, la bibliothèque, la *Maison de vie* comprenant un vaste scriptorium*. À l'angle sud-ouest était réservé, en plein air, un atelier pour tailler les vases sacrés et les statues.

Scriptorium : atelier dans lequel les copistes réalisaient des manuscrits.

Enfin, à l'angle sud-est avait été construit le petit palais du roi, afin de le recevoir à l'occasion du rite annuel de régénération. L'enceinte devait être limitée, sur les trois côtés nord, ouest et sud,

Le Ramesseum, consacré au dieu Amon. Thèbes.

Le Ramesseum, les magasins du complexe économique.

par une allée double de sphinx : à l'ouest, à tête humaine, protégeant entre leurs pattes une statuette de Pharaon debout ; au nord et au sud, à têtes animales. La première partie du temple comportait deux cours au lieu d'une seule traditionnellement. La seconde partie était avant tout constituée de la salle hypostyle, et la troisième par un ensemble de salles entourant le saint des saints.

Ramsès choisit, dans la seconde cour, le registre inférieur du mur oriental pour y faire figurer l'évocation de la bataille de Qadesh, alors qu'il avait demandé de surseoir au décor du mur intérieur occidental du pylône car, à côté d'une nouvelle figuration de Qadesh, il se réservait d'y faire sculpter ses futures campagnes syriennes en Canaan et en Amourrou.

Ramsès s'inspire des innovations d'Aménophis IV-Akhénaton

Une des raisons pour lesquelles il était venu à Thèbes était le très vif penchant qui, depuis sa jeunesse, l'attirait vers l'aventure amarnienne. Elle présentait de multiples faces et n'avait pas manqué de laisser des traces dans l'interprétation donnée, comme on l'a vu, à l'image d'Amon. Mais, par ailleurs, il y avait le dogme osirien, qui régissait tous les rites funéraires, progressivement accessibles à tout le peuple d'Égypte, et dont le mystère pesait sur le comportement de ses fidèles.

Ramsès était persuadé que la notion divine d'Aton, le globe solaire, était présente en Égypte depuis la nuit des temps ; elle n'avait pas été inventée par Aménophis IV. Il savait bien, aussi, que les diverses formes du divin, ayant de tout temps peuplé les temples, ne tendaient qu'à mieux rendre accessible au commun des mortels l'infinie variété du pouvoir créateur.

Akhénaton dans l'attitude du dieu Osiris. Le Caire, Musée égyptien.

Osiris, vu par Aménophis IV-Akhénaton

Bref, Ramsès avait réellement saisi le combat d'Akhénaton. Comment continuer à prêter au réformateur le rejet du mythe osirien, alors qu'il s'était lui-même fait représenter dans l'attitude d'Osiris, jambes réunies (donc statique), bras croisés sur la poitrine, et mains tenant les insignes du dieu : le crochet et le fouet ? Il en avait fait l'ornement des « piliers osiriaques » de son grand temple à Aton, à l'est de Karnak, au début de son « hérésie ».

N'avait-il pas aussi fait préparer son apparat funéraire – cuve sarcophage destiné à recevoir la momie « osirienne » – assorti des essentielles statuettes funéraires, les *shaouabtis*, si typiquement conformes aux rites classiques dont le premier bénéficiaire avait été Osiris lui-même, le dieu-martyr ! Il n'existait pas deux vérités fondamentales et opposées, celle qui tendait sans cesse à mieux approfondir les secrets des forces vitales, et celle qui sondait les mystères de la mort : il n'y avait que deux faces d'un phénomène unique et continu. Vie et mort, l'une ne fonctionnant pas sans l'autre, l'une étant complémentaire de l'autre et englobant toutes les manifestations du divin.

Aménophis IV-Akhénaton voulut certainement commenter cette réalité dont la simplicité faisait l'incomparable grandeur. Il espérait faire disparaître une certaine ambiguïté, une ignorance entretenue par les mythes qui, destinés à faire comprendre les grandes lois de la nature, les avaient souvent brouillées.

Les piliers osiriaques

Dans les temples, les fameux piliers osiriaques, composés d'un pilier carré devant lequel le roi était serré dans la gaine funéraire d'Osiris, étaient apparus dès le Moyen Empire. La statue du roi était figée dans l'attitude du dieu mort momifié, cependant debout, et tenant en main les sceptres d'Osiris. Pour commenter la complète signification de cette image, en rapport avec les cérémonies jubilaires du Jour de l'An, qui se déroulaient dans des *temples de Millions d'années*, il fallait démontrer qu'elle était le symbole des forces en léthargie *d'où surgirait une nouvelle vigueur*. C'est ce que tenta Akhénaton.

Double page suivante
Deuxième cour péristyle du Ramesseum, ornée de piliers osiriaques. Thèbes-Ouest.

La « réforme » d'Akhénaton vue par Ramsès

Cette réforme audacieuse, traduite dans l'architecture même, n'avait pas échappé à Ramsès. En ordonnant la construction du Ramesseum, sur la rive gauche de Thèbes, avec ses hommes de confiance, Nebounénef, grand prêtre de Karnak, Ounennéfer, grand prêtre d'Osiris à Abydos, et le lettré de la région, le scribe Ramosé, très proche du vizir Pasar, il avait envisagé les moyens de reprendre plus discrètement, sans choquer l'ensemble du clergé, cette éclatante démonstration des rites de régénération.

Il fit donc ajouter une seconde cour au plan prévu initialement pour son temple : l'une d'elles devait être bordée d'un péristyle* orné de piliers osiriaques traditionnels, évoquant l'état du souverain au début de la cérémonie de régénération, c'est-à-dire enveloppé du suaire ; l'autre cour, d'architecture semblable, était également entourée de piliers, mais contre lesquels l'image du roi, les pieds encore joints, était vêtue du pagne des vivants, et portait la coiffure solaire. Ces images du roi renouvelé étaient flanquées de statuettes d'enfants royaux. Lorsque Ramsès, après que sa nef eut abordé devant le quai du temple, passa à travers la grande porte du pylône du Ramesseum, sa satisfaction fut totale à la vue de ses effigies en image « solarisée », telles que la foule pourrait l'admirer au sortir du sanctuaire. Après avoir contemplé son immense colosse flanquant le montant sud de la porte, au fond de la cour, et constaté les préparatifs pour l'érection du colosse nord, passant alors dans la seconde cour avant d'aborder la salle large à colonnes papyriformes, il put retrouver l'image royale momiforme dressée devant chaque pilier ; comme les précédentes (et comme à Abou Simbel, plus tard), ces statues mesuraient 16 coudées : la hauteur de l'inondation idéale. Plus que jamais, la statuaire participait à la signification et à l'efficacité du rite sur le cheminement de Pharaon, durant les fêtes du Nouvel An.

Péristyle : galerie de colonnes faisant le tour d'un édifice à l'intérieur de son mur d'enceinte, et se distinguant ainsi de la colonnade.

Certes, on est assuré que le temple égyptien reflète sur terre l'image de ce monde où le démiurge a situé l'homme : la maison du dieu, placée sur le tertre de la création, devait matérialiser les concepts les plus élargis.

Le symbole principal de l'hypostyle

Chaque retour de l'inondation marquait le début d'une nouvelle année, formée de trois saisons de quatre mois. Ce cycle, dont l'Égyptien souhaitait ardemment la régularité, avait été, depuis des millénaires, divisé en douze mois de trente jours (plus cinq jours un quart supplémentaires), lesquels formaient, à raison de trois « semaines » de dix jours chacun, les trente-six décans des trois saisons. Il fallait, par tous les moyens, inciter, encourager, prier pour que la révolution des mois se produisît, et que l'année s'achevât automatiquement par l'apparition tant attendue du flot nourricier.

La salle hypostyle et ses colonnes à chapiteaux campaniformes du Ramesseum.

Ramsès avait donc voulu que son hypostyle puisse constituer la charpente du cycle parfait, les douze mois matérialisés par les douze colonnes papyriformes à chapiteaux épanouis. Sur le flanc de chacune de ces colonnes, le roi apparaissait en majesté, faisant offrande à une forme divine. Il était escorté de l'image de son *ka*,

génie évoquant son potentiel divin, portant sur la tête la « bannière » contenant le nom d'Horus de Pharaon. Les douze colonnes étaient flanquées, de part et d'autre, à l'est et à l'ouest, de dix-huit colonnes plus petites, toujours papyriformes, mais à chapiteaux fermés. L'année était ainsi escortée de ses trente-six décans. Ce circuit solaire devait naturellement aboutir à la matérialisation du Jour de l'An, mis en relief dans la salle suivante.

La salle astronomique

Une grande porte à corniche, dominée par une longue frise de signes *neheb*, évoquant l'éternité solaire, face à la colonnade centrale, faisait communiquer l'hypostyle avec une salle rectangulaire ornée de huit

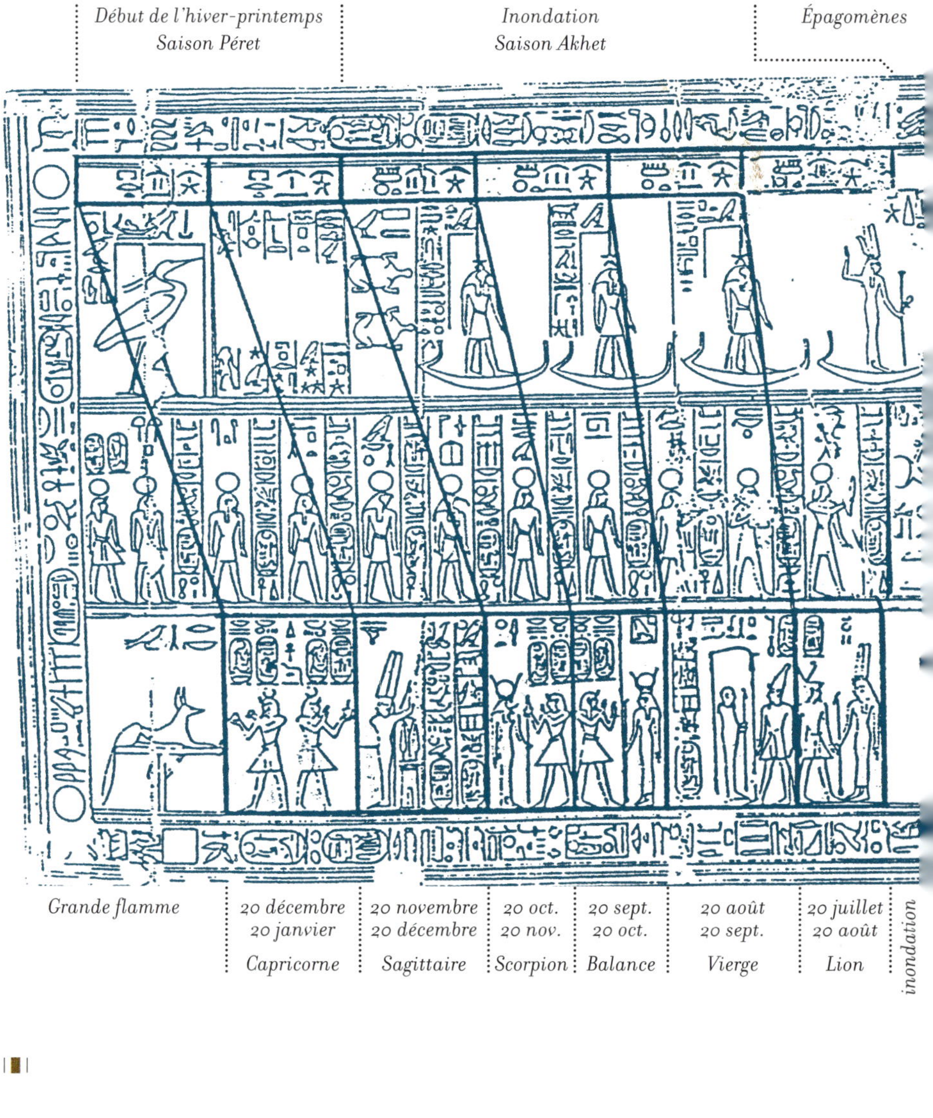

colonnes à chapiteaux papyriformes fermés. Cette salle peut être appelée « astronomique » en raison de la partie du plafond soutenue par les quatre colonnes de la partie nord du local, ornée de symboles de constellations et dominée par un véritable calendrier linéaire.

Le calendrier

Les instructions de Ramsès avaient été formelles : le calendrier serait disposé de telle façon que l'indication du Jour de l'An occuperait le milieu du plafond. Ce jour marquait le commencement de la première saison, *Akhet*, formée par les quatre mois pendant lesquels l'inondation recouvrait toutes les terres arables

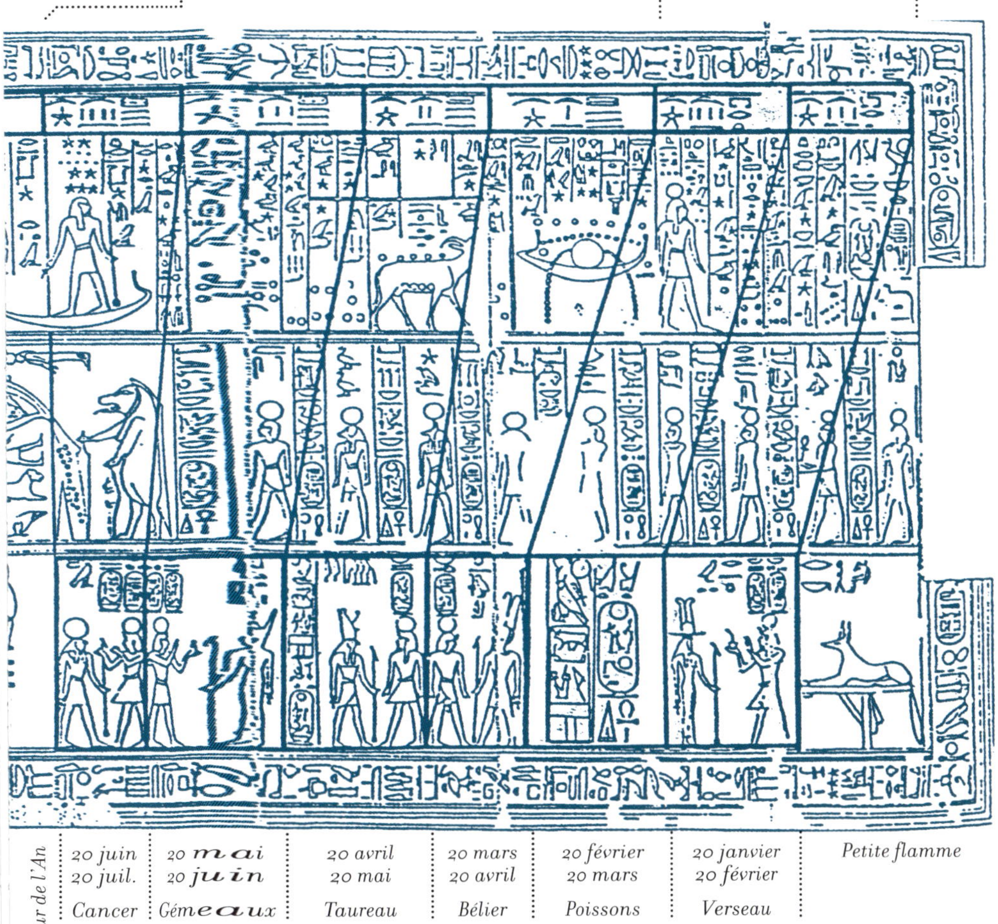

Dessin du plafond astronomique du Ramesseum (d'après Parker). Les lignes obliques mettent en rapport l'énoncé des mois de l'année (au sommet) et les dates correspondantes (registre inférieur).

soleil. Les trois parties de la demeure divine (cour exceptée) étaient recouvertes de plafonds formant terrasses. L'ensemble, constitué du temple proprement dit et des annexes, était entouré de hautes murailles de briques de terre crue, qui lui donnaient des allures de bastion. Le *Château* divin était avant tout conçu pour entretenir la « machine cosmique », servi dans ce but par un personnel hiérarchisé, spécialisé, serviteurs compris, entouré de savants de toutes disciplines, mais aucunement ouvert au public.

Ramsès connaissait l'innovation architecturale introduite par Hatchepsout dans son monument de Deir el-Bahari, ce temple en gradins dont la dernière terrasse donnait sur des chapelles creusées dans la montagne contre laquelle l'édifice était adossé. Le temple-grotte en Moyenne-Égypte, le Spéos Artémidos, fut encore inventé par Hatchepsout.

Sur les rives nubiennes, Ramsès fit construire pour le véhicule divin des reposoirs, empruntant l'aspect de spéos (grottes) ou d'hémispéos dédiés aux quatre formes divines. Les sanctuaires à Pi-Ramsès veillaient sur les quatre points de l'horizon. On se souvient aussi que déjà, à la fin de sa corégence, Ramsès avait fait aménager le petit sanctuaire de Beït el-Ouali, suivant le type de l'hémispéos.

Les quatre originales fondations projetées en Nubie par Ramsès devaient, on le verra, être en étroite liaison avec le phénomène de l'inondation, et constituer la plus évidente démonstration de l'action royale en liaison intime avec les forces dont l'Égypte dépendait. Il attendait la plus grande efficacité de ce programme qui ne devait, en aucune manière, gommer le culte de l'action solaire implanté bien auparavant, et matérialisé par les quatre Horus de Nubie : Horus de *Baki* (Kouban), Horus de *Miam* (Aniba), Horus de *Méha* (Abou Simbel) et Horus de *Bouhen* (Ouadi Halfa) près de la deuxième Cataracte.

Ainsi donc, Ramsès ferait un jour creuser en grotte une partie du sanctuaire dédié à Ptah, à 100 kilomètres au sud d'Assouan. À l'avant, une cour ornée de piliers osiriaques à l'effigie du roi en costume « des vivants » rappellerait ceux du Ramesseum.

Rinceau : motif d'ornementation mural composé de tiges fleuries entrecoupées de vases, de macarons et de petites figures disposés par enroulements successifs.

Paysages de Nubie

Plus le cortège remontait vers le sud, plus le paysage de Nubie devenait verdoyant. Palmiers-dattiers, palmiers-*doum* et mimosas sauvages odoriférants ponctuaient les rives. Femmes et enfants accouraient vers le fleuve pour admirer le défilé des barques royales aux voiles ornées de dessins géométriques et de rinceaux*, tissées de fils de couleur ; les embarcations étaient escortées par celles du vice-roi de Nubie et de la garde officielle. Ces Nubiens, gagnés à la civilisation égyptienne, n'en demeuraient pas moins fidèles à leurs racines et à leurs traditions. Revenus au pays, ils étaient tous enterrés à la mode nubienne, très simplement, dans une peau de chèvre. Seules quelques élites – très rares – tenaient à se faire enterrer à la mode égyptienne, dans un caveau-chapelle taillé dans le rocher, tel un certain Hékanéfer, fils d'un chef nubien, élevé à l'école du palais (le *kep*), et camarade de classe de Toutânkhamon, revenu dans sa Nubie natale aux environs d'Aniba, la capitale à cette époque, pour y exercer les fonctions de gouverneur.

Ouadi es-Séboua

Les bateaux firent halte au débouché des caravanes venant du désert libyque occidental. Le site présentait les conditions requises pour y implanter, dans les années qui viendraient, un grand temple dédié au puissant Amon, que les voyageurs aux destinations les plus diverses imploreraient comme l'*Amon des Chemins*. Ce sanctuaire, encore un hémispéos, « sauvé des eaux » comme la majorité des temples nubiens, porte de nos jours le nom de Ouadi es-Séboua, la Vallée des Lions, en raison des sphinx qui composent son dromos*.

Dromos : allée bordée de sphinx prolongeant, vers l'extérieur, l'axe d'un temple pour le relier à un autre édifice ou à un embarcadère du Nil.

Temple de Ouadi es-Séboua, vue partielle de l'allée des sphinx (à têtes de faucon dans la deuxième cour, à têtes humaines dans la première cour). Nubie.

Les reposoirs de la barque

Le « déclic » s'était produit à Amada ; le message des sanctuaires qu'il avait l'intention de consacrer sur les rives nubiennes venait de prendre sa forme définitive : les quatre principaux sanctuaires dont Ramsès allait doter la Nubie seraient d'immenses reposoirs de la barque divine d'Amon-Rê, symbolisant l'arrivée de l'inondation ayant franchi la deuxième cataracte sur son chemin vers l'Égypte, pour lui redonner vie. Mais il y aurait aussi les deux mamelons d'*Ibshek* et de *Méha* (Abou Simbel) pour révéler le mystère du Jour de l'An, lui assurer son fonctionnement régulier, et associer l'action du couple royal au phénomène qui dispensait la vie à son royaume.

Avant de quitter Amada, Ramsès avait donné ordre de restaurer les reliefs du temple édifié et décoré sous les rois Thoutmosis III, Aménophis II et Thoutmosis IV, où les images d'Amon avaient jadis été martelées par le zèle des serviteurs du globe d'Aton, du temps d'Aménophis IV-Akhénaton. Les grossières restaurations, visibles encore de nos jours, témoignent d'un travail rapide, confié à des artisans sans grand souci d'esthétique : l'essentiel avait été de fournir un nouveau gage visible au clergé d'Amon.

Le pays de « la Dorée »

Entre Amada et *Miam*, Nofrétari était éblouie par la splendeur du paysage. L'air si lumineux de Nubie, loin des poussières de l'humus soulevées par les vents du printemps, semblait contenu dans le cristal le plus pur. La nef de Nofrétari avançait sur un fleuve aux longs sillons – couloirs de turquoise, d'améthyste ou de péridot, au gré des heures et des jours. À l'arrivée du crépuscule, toujours très bref, le ciel et l'eau réunis devenaient de l'or en fusion, traversé d'une mince lame brillante projetée par le soleil mourant. La reine comprenait pourquoi l'évocation de cette région était toujours jumelée avec celle de l'or. Oui, certes, les gisements en étaient riches, mais les sables eux-mêmes en semblaient couverts. Ces régions hantées par la légende de la Lointaine, Hathor aux multiples faces, celle de la mort, mais aussi de l'amour qui redonne vie, avaient légué à la déesse un de ses noms : Hathor était bien la Dorée, la *Noubet*.

Miam et *Toshké*

Le terrain cultivable, sur la rive gauche du Nil, s'élargissait encore : la flottille allait arriver dans la région de la capitale de *Ouaouat*, la ville de *Miam*. Depuis peu, Ramsès avait donné ordre de déplacer plus au sud le fief de son administration, dans le pays de *Koush*. Cette nouvelle résidence avait également été nommée Pi-Ramsès. Il paraissait opportun de souligner ainsi une présence égyptienne officielle dans ces régions du Nord-Soudan, l'antique pays de *Iam*, peuplées de guerriers peu enclins à s'intégrer vraiment aux mœurs plus amènes de leurs conquérants.

La zone de *Toshké* allait être dépassée. C'était, depuis l'Ancien Empire, un autre point d'aboutissement des caravanes parties d'Assouan, traversant les sables avec leurs ânes, d'oasis en oasis. La région était réputée pour ses carrières fameuses (diorite, jaspe).

El-Lessiya

Sur la rive droite, les rochers commençaient à prendre un certain relief : les souverains étaient passés devant la grotte d'el-Lessiya, autre discrète fondation de Thoutmosis III. Un peu plus au sud, Ramsès salua l'inscription que son père, le vaillant Séthi, avait fait graver sur le rocher. Il se jurait de dépasser cette rigueur, cette rigidité, en l'humanisant et en faisant participer les membres de la famille royale à l'image immuable et impersonnelle de Pharaon.

Avant l'arrivée des souverains au quai de *Miam*, le gouverneur et les notables s'étaient rendus au-devant du cortège royal, porteurs de présents en hommage de bienvenue.

L'artisanat de Nubie

L'ancienne capitale demeurait encore le grand entrepôt où transitaient les produits véhiculés depuis le grand Sud. Elle possédait toujours de nombreux ateliers d'ébénisterie, d'orfèvrerie, de peausserie. Fauteuils, chaises et tabourets y étaient remarquablement exécutés, faits de bois durs d'Afrique, incrustés d'ivoire, plaqués d'or. Des coussins recouverts de peau de guépard, des queues d'apparat tirées des dépouilles de girafes et de taureaux, de magnifiques sandales, au bout relevé afin de protéger les orteils, y étaient façonnés pour le palais. Enfin, certains objets de toilette, et surtout les étranges « pièces montées » d'orfèvrerie dominées par les statuettes de petits Nubiens grimpant aux palmiers-*doum*, y étaient ciselés avec bonheur : les plus belles productions venaient d'être offertes aux souverains, assorties de la rituelle offrande des célèbres dattes du pays de l'or.

Derr et Ibrîm

Sur la rive droite, avant d'atteindre Aniba, une agglomération, Korosko, était le point de départ de l'immense piste caravanière, évitant la grande courbe du Nil, et qui aboutissait directement au Soudan, vers le site appelé aujourd'hui Abou Hamid.

Sur cette route orientale se trouvait l'endroit choisi par Ramsès pour indiquer à son vice-roi de l'époque, Iouny, où il conviendrait de consacrer une fondation à Rê-Horakhty : l'actuel hémispéos de Derr.

Les emplacements des futurs hémispéos consacrés à Ptah, Amon, Rê-Horakhty étaient déjà désignés. Restait la quatrième entité divine du programme : Seth. Ce maître des ancêtres ramessides était, en quelque sorte, incarné en la personne même de Ramsès dans le lieu sacré d'*Ibshek*, vers lequel le roi et Nofrétari se dirigeaient, et où l'on vénérait déjà l'Horus de *Méha*.

Thoutmoside : l'Égypte thoutmoside est celle qui s'étend du règne d'Aménophis Ier jusqu'à celui de Thoutmosis IV.

Les souverains allaient auparavant passer, au sud de Derr, devant l'imposant rocher d'Ibrîm, au pied duquel trois petites niches-chapelles, faites chacune d'une seule pièce, avaient été creusées en l'honneur des manifestations divines locales et des thoutmosides*.

Abou Simbel

Façade de Méha, *le plus important spéos d'Abou Simbel.*

L'admiration de Nofrétari

Pour Nofrétari, le jour très attendu venait d'arriver. Depuis le couronnement, elle savait que son pharaon, dépassant tout ce qui avait été réalisé auparavant, projetait de créer deux sanctuaires-grottes complètement souterrains, où il lui serait réservé de participer plus que partout ailleurs à des rites essentiels. Ramsès et elle-même en seraient les acteurs, en symbiose avec deux éléments nécessaires à la vie de l'Égypte. Et pour ce faire, ils seraient intégrés au monde des dieux, qui ne cesseraient de leur dispenser les radiations nécessaires pour s'y maintenir.

Cependant, la reine ne pouvait avoir imaginé le spectacle qui se présentait déjà à ses yeux. Les deux mamelons de *Méha* et d'*Ibshek* avaient déjà été creusés dans le grès rose local. La façade en haut relief du plus important spéos, celui de *Méha* au sud, rappelait celle des temples construits par assises. Certes, la reine ne retrouvait pas les deux tours des pylônes classiques, mais quatre fantastiques colosses assis, chacun haut de 20 mètres, encadrant la porte, le tout compris dans un seul cadre architectural en forme de trapèze, dominé par une frise de vingt-deux cynocéphales debout, adorant le soleil. Les artisans avaient déjà sculpté les corps de ces gigantesques statues incarnant certains aspects divins du roi, chacun doté d'un nom spécifique.

Le mamelon d'Ibshek, au nord

Double page suivante *Façade d'*Ibshek, *spéos consacré à la déesse Hathor et à Nofrétari, épouse de Ramsès II. Abou Simbel.*

Au nord, le rocher d'*Ibshek* offrait un tableau bien différent. La façade était constituée de six niches disposées en deux groupes encadrant l'ouverture du spéos. La reine apercevait, de loin, six statues sculptées à même le rocher, qui occupaient, sur une hauteur d'environ 8 mètres, chacune des niches. Le travail était plus avancé, car la fondation présentait des proportions beaucoup plus réduites que

Ramsès II sur son char accompagné de son lion. Abou Simbel, bas-relief du temple de Ramsès II.

En vis-à-vis, après la mêlée de Qadesh, Ramsès se présentait devant Horakhty et Iousas – une des formes d'Hathor –, traînant deux files de prisonniers hittites.

Une fois de plus, Pharaon avait tenu à souligner l'importance de sa progéniture, déjà nombreuse à cette époque (ans 6-7 du règne). Sur la partie inférieure des murs encadrant la porte d'entrée apparaissaient, sculptés, les défilés des premiers fils et des premières filles.

L'hypostyle

La salle hypostyle, succédant à la salle-cour, avait pour objet principal de présenter sur les murs sud et nord la figuration de la barque d'Amon – ornée de la tête du bélier sacré – et celle de Rê – décorée de la tête de faucon –, barques auxquelles le couple royal devait rendre hommage. C'était, en fait, la nef d'Amon-Rê... décomposée ; au reste, un socle réservé à même le sol dans le saint des saints devait bien recevoir cette unique nef cultuelle. Sur les murs de cette dernière salle étaient aussi prévues, au sud, l'image de la barque d'Amon-Rê, et au nord celle de Ramsès lui-même déifié. On pouvait reconnaître dans cette dernière image celle de Horakhty. De même, dans la petite chapelle rupestre au sud du grand temple, sur le mur sud, la barque d'Amon était remplacée par celle de Thot, évoquant l'Inondation qu'il maîtrisait et ramenait, comme Amon lui-même, en qui le roi s'incarnait.

Grand temple d'Abou Simbel, depuis la salle-cour jusqu'au sanctuaire où Ramsès trône avec la tri-unité.

Sanctuaire avec le groupe de statues de Ramsès II et des dieux Ptah, Amon et Rê-Horakhty. Abou Simbel, grand temple rupestre.

L'illumination du saint des saints

L'axe avait été calculé pour que, deux fois l'an, le premier rayon du soleil levant frappe d'abord une des statues assises prévues sur le mur du fond du sanctuaire. Il avait été également projeté que soient sculptées dans la masse rocheuse, du sud au nord, les effigies de Ptah, d'Amon, de Ramsès et enfin de Rê-Horakhty. En raison du mouvement du soleil, se levant chaque jour un peu plus vers le nord à l'approche du solstice d'été, et un peu plus vers le sud à l'approche du solstice d'hiver, ces rayons ne pénètrent profondément dans le temple que durant deux périodes de l'année. Du 10 janvier au 30 mars, le « balayage » solaire s'exerce, et les rayons empruntant l'axe du temple le 20 février éclairent progressivement trois des statues. Puis, entre le 10 septembre et le 30 novembre, la pénétration directe jusqu'à l'axe du saint des saints survient le 20 octobre. Le 20 février donc, l'illumination commence par la statue d'Amon : la lumière se pose ensuite sur l'effigie du roi. En revanche, le 20 octobre, le soleil illumine d'abord la statue de Rê-Horakhty, puis se dirige vers la statue de Ramsès. Ainsi, les deux formes divines transmettent successivement au souverain, deux fois l'an, cette irradiation nécessaire pour entretenir sa nature habitée par le divin, et qui pourrait perdre de son intensité au cours de l'année. Le roi est de cette manière illuminé par Amon et Rê, leur barque est sa barque, et cette barque doit redescendre le Nil au Jour de l'An : c'est l'image, le symbole du génie de l'Inondation elle-même ! Quant à la statue de Ptah – le dieu qui surgit des ténèbres et les fait surgir –, seule son épaule gauche est touchée par le soleil.

Le rôle du petit spéos

Il n'y avait pas que ces périodes magiques de l'année pendant lesquelles le miracle se manifesterait dans l'éperon béni choisi par Ramsès. Le sanctuaire d'Hathor, dédié à la reine, devait être le complément d'un autre événement majeur. La grotte aux chapiteaux hathoriques, vouée à la féminité, où les reliefs éclataient littéralement de charme et de jeunesse comme nulle part ailleurs, évoquait les souverains tout au début de leur règne, et leur aspect juvénile ajoutait encore à la poésie du sanctuaire. Ce dernier avait donc une définition très précise, exprimée en conclusion par l'image de la vache sacrée d'Hathor au fond du saint des saints, allusion directe au renouvellement annuel du roi, lié au retour de l'inondation, et qu'elle semblait faire sortir de la montagne. Pour ce faire, les rites devaient passer, en une première étape, par la personne de la souveraine, en ces lieux de prédilection. Sur un des murs, elle apparaissait, droite et svelte, recevant d'Hathor (l'*éros*) et d'Isis (la maternité) la couronne de Sothis, l'étoile disparue, puis visible de nouveau afin de provoquer l'apparition du soleil au début de l'année. Voici pourquoi le nom du spéos, gravé en colonnes d'hiéroglyphes sur la façade, avait été composé par Pharaon en ces termes : *Nofrétari par amour de laquelle se lève le soleil*. Enfin, le bon fonctionnement de cette marche cosmique serait garanti par l'autel solaire projeté au nord du grand spéos.

Tête d'Hathor sur un pilier. Abou Simbel, temple de Nofrétari.

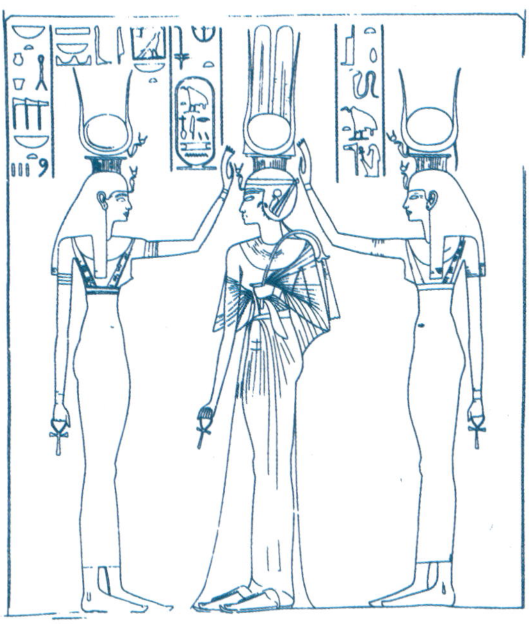

Transformation de Nofrétari en Sothis (Sirius) par les soins d'Hathor et d'Isis, dans le mamelon d'Ibshek, Abou Simbel, petit temple de Nofrétari.

5

LE CHEMIN VERS LA PAIX

Représentation du pylône du temple de Louxor avec les obélisques et les six statues colossales de Ramsès II.

KHATTI
Adana
Karkémish
MITANNI
Alep
MOUKISH
Euphrate
Oronte
Ougarit
NOUKHASHSHÉ
Tounip ?
Simyra
Dapour ?
Irqata
Qadesh
Shabtoura
Kamirat al-Harnal
Byblos
AMOURRO
AYA
mer Méditerranée
Beyrouth
Koumidi ?
OUPI
Damas (Témesq)
Sidon
Tyr
GALILÉE
Akko
lac de Tibériade
Yénaan
Mageddo
Beth Shan
Hamath
Jourdain
Jaffa
CANAAN
MONT NÉBO
Ourousalim
Dibon
Ascalon
mer Morte
MOAB
Gaza
Rabath Batora ?
Ras Kasroun
Raphia
lac Sirbonis
el-Arish
route du Roi
Silé (Tjarou)
NEGEV
Pi-Ramsès
DÉSERT DE SHOUR
ÉDOM (SEÏR)
itinéraire d'Imenherkhéchef
itinéraire de Ramsès
Timna
50 km
SINAÏ
MADIAN

Moab et Édom

La guerre en pays de Moab : mouvement tournant exécuté par Ramsès II et son fils Imenherkhépéshef et leur rencontre à Rabath Batora.

À son retour de Haute-Égypte, Ramsès perçut bien vite combien les nouvelles concernant le déroulement de la bataille de Qadesh s'étaient répandues à travers Canaan, et quel état d'esprit elles faisaient peser sur le comportement des anciens vassaux de la « Double Couronne », de même que sur les agissements des incorrigibles *Shasous*.

Son réel souci se situait en Palestine orientale, à l'est et au sud de la mer Morte, là où les populations de Moab et d'Édom (*Seïr*) avaient pris conscience de leur identité, et rejetaient la tutelle égyptienne. Il fallait à tout prix réduire la résistance de ces régions trop proches des frontières égyptiennes, sans cesse capables de fomenter des troubles de toutes sortes, et gagnées à l'habile propagande hittite, afin de pouvoir engager par la suite la reconquête de l'Amourrou, État tampon essentiel pour se prémunir d'une nouvelle coalition.

L'objectif premier était d'anéantir les résistances dans les territoires qui encerclaient largement la mer Morte. Le prince Imenherkhépéshef, chargé par son père qui l'avait jugé au combat de conduire ses troupes vers l'est jusqu'au sud de la mer Morte, allait en remontant s'emparer en Édom (*Seïr*) de Rabath Batora (l'ancienne *Butartu*). Dans l'autre sens, Ramsès traversa le centre de Canaan, à l'ouest de la mer Morte, remonta jusqu'à ses limites nord, laissant *Ourousalim* (la future Jérusalem) à sa gauche, puis, redescendant à l'est de la mer Morte, en Jordanie actuelle, il prit la ville de *Dibon*. Progressant vers le sud, il opéra la jonction avec son fils aîné, qui semble l'avoir attendu à *Butartu*, tout en s'efforçant de pacifier la région.

Le chemin était libre, alors, pour remonter directement, ou presque, vers le nord, sans rencontrer de résistance notoire, en direction de la province d'*Oupi*, que Ramsès avait perdue après la bataille de Qadesh. Il s'arrêta à *Témesq* (une autre Pi-Ramsès, de nos jours Damas), pour gagner, semble-t-il, la ville de *Koumidi*. Cet itinéraire s'appelait « la route du roi ».

L'Exode se situerait-il sous Ramsès II ?
(1272-1271 av. J.-C.)

Ces combats, dont le point de départ était le nord du Sinaï, avaient fait naître une certaine effervescence dans la région. Les bédouins *Shasous*, et surtout les semi-nomades *Apirous*, « les poussiéreux », que l'on a rapprochés de *Heperer* (« Hébreux »), de génération en génération se transmettaient des récits, vite amalgamés, transformés

son autorité, et de l'inspiration de son dieu, il ne paraît pas avoir pris en considération ce que Pharaon aurait été en droit de lui reprocher. Meurtre d'un Égyptien, privation subite d'une main-d'œuvre à laquelle l'Égypte avait ouvert ses portes, et dédain complet des circonstances traversées par le pays après la perte de l'Amourrou, les hostilités à ses frontières et les complots ourdis par les Hittites : vraiment, il y avait de quoi irriter Pharaon, et c'est ce qui se produisit. Pourtant Moïse, profitant de circonstances favorables à ses yeux, s'oppose alors violemment à Pharaon et, se faisant menaçant, couvre, paraît-il, l'Égypte de plaies devant lesquelles le souverain est obligé de s'incliner. C'est alors la sortie d'Égypte, après la prétendue mort du fils aîné de Pharaon, qui constitue la dixième plaie d'Égypte. Les Hébreux (*Apirous* ?) sont alors *expulsés*. C'est le récit *yahviste* qui les fait partir directement de Pi-Ramsès (*Ramsès*) après que Moïse leur a recommandé, entre autres, d'emporter les trésors qu'ils pourraient réunir. La troupe se dirige alors, par la *Route des Philistins*, en direction de *Cadès* (au sud du Negev), mais elle reçoit l'ordre de *rebrousser chemin*. Les Hébreux remontent en direction de *Baâl-Saphon* (Ras-Kasroun). L'endroit était réputé très dangereux. Alors les « expulsés » s'enfoncent dans le désert de *Shour*.

Il existe une deuxième tradition, l'*élohiste*, adepte de l'Exode-fuite. Elle semble plus logique, car elle rejette l'utilisation de la route des forteresses de la côte méditerranéenne, beaucoup trop vulnérable pour les *Apirous*, jalonnée qu'elle était de citadelles égyptiennes. Dans ce cas, la troupe de fuyards se serait dirigée vers le sud, en direction de l'oasis d'*Ayoun Moussa* (Source de Moïse), puis de l'oasis de *Pharan* (Feïran). Le mont Horeb serait plus au sud encore. Cependant, on ne connaît pas avec certitude de lieu de pèlerinage juif ancien dans le Sinaï.

Les yahvistes situent le mont Horeb, de la révélation à Moïse, non loin de *Cadès*, au Gébel Halâl. Les élohistes le placent au sud, dominant de sa masse inspirée le site où plus tard fut élevé le monastère-forteresse fondé par Justinien ; au XIe siècle ce monastère fut consacré à sainte Catherine, martyre en l'an 296 de notre ère.

Chassé ou en fuite, le groupe, dans les deux traditions, se serait rassemblé vers *Cadès*, avant la pénétration en Canaan. Cependant, il faudra aux fuyards vivre encore de pénibles aventures, dont l'hostilité du roi d'Édom (*Seïr*), qui leur refusa le passage. Ils furent donc contraints, en remontant vers le nord, de contourner Édom et Moab, de vaincre les Amorrites... Du mont Nébo où les Hébreux parvinrent enfin, après quarante années de cheminement, de « miracles » et d'épreuves, Moïse, avant de mourir, put apercevoir *Ourousalim* et sa Terre promise.

Dans l'état actuel de nos connaissances, il paraît bien hasardeux de fixer à l'Exode une date précise. Les quelques indices relevés permettraient de placer l'événement au début du règne de Ramsès II. La logique voudrait que ce soit la période durant laquelle, en l'an 7 du règne, Ramsès et Imenherkhépéshef auraient effectué leur double expédition « punitive » vers Édom et Moab. Mais les indices demeurent bien minces ; une remarque pourtant : cette expédition guerrière coïncide avec les démêlés des Hébreux avec Édom, et certains points de leur trajet dans ces régions auxquelles la Bible fait allusion.

Les voisins libyens

Au lendemain de Qadesh, dès que Ramsès eut décidé la réorganisation de son armée, des bases d'entraînement furent installées dans la zone occidentale du Delta. De dangereuses pénétrations étaient à craindre. Il s'agissait donc de les prévenir en équipant cette région, sur plusieurs centaines de kilomètres, d'une chaîne de châteaux forts analogues à ceux chargés de la défense de la Nubie, ou encore à ceux qui formaient le *Mur du Prince*, à la frange orientale du Delta. Les mouvements et opérations des troupes égyptiennes, entraînées par des officiers formés à une tactique modernisée, permirent de mieux connaître le terrain et le comportement de ceux qui le parcouraient en direction de l'Égypte.

Les investigations menées dans ces régions, par l'égyptologue égyptien Labib Habachi, ont révélé l'existence de trois forts, englobant comme à l'habitude des bâtiments pour les troupes, la demeure du commandant de la place et un temple.

Ramsès, les carriers et les artistes

Entre son inspection aux frontières de la Libye, l'expédition qu'il préparait avec le plus grand soin pour reconquérir les villes de Galilée, et le châtiment qu'il réservait aux rebelles de l'Amourrou en raison de leur trahison permanente, Ramsès payait de sa personne pour prospecter lui-même les carrières.

D'autre part, il avait décidé de s'engager pour appliquer et diffuser les innovations de son remarquable père dans le domaine social. Ainsi voit-on apparaître, dans les textes, son souci du bien-être de ses artisans, et le soin qu'il prend de les rétribuer le plus équitablement possible, en ce pays de l'humanisme naissant.

Ainsi, en l'an 8, il commença sa prospection dans les carrières. Il se rendit dans le désert tout proche de la *Montagne Rouge*, le Gébel Ahmar : *C'est alors que Sa Majesté trouva un énorme bloc, tel qu'on n'en avait pas découvert de semblable depuis le règne de Rê : il était plus haut qu'un obélisque de granit!* Voilà qui pouvait permettre la fabrication d'un nouveau colosse, dont il précise même le nom : *Ramsès-aimé-d'Amon, le dieu*, et au sujet duquel il indique qu'il en a confié la réalisation à *des ouvriers d'élite, habiles de leurs mains*. Ce colosse bienfaisant, achevé dès l'an 9, devait affirmer la divine protection royale sur tout le pays, pendant que Pharaon allait fortifier lui-même les frontières. Ramsès prospecta encore alentour parmi les veines de quartzite, et trouva *celles qui ressemblent au bois*-méry, *de couleur rouge, afin de tailler des statues pour le temple de Ptah* [de Memphis]... *D'autres statues* [*furent*] *pour le temple d'Amon-de-Ramsès-aimé-d'Amon et le temple de Ptah-de-Ramsès-aimé-d'Amon à Pi-Ramsès-la-Grande-de-Victoire*.

Colosse de Ramsès II. Memphis, temple de Ptah.

Quittant le Delta, le roi n'oublia pas le sud du pays, cher à son cœur, et se rendit dans l'île d'Éléphantine. Il repéra les différentes carrières et, sitôt découvertes, leur donna des noms. Ainsi : *carrière de Ramsès-aimé-d'Amon-aimé-comme-Ptah, carrière d'Ousermaâtrê-Sétepenrê-souverain-des-Deux-Terres, carrière de Ramessou-aimé-d'Amon-aimé-comme-Rê*. Ce récit, où l'on devine le souci qu'il a de jouer pleinement son rôle de père du pays, au bien-être duquel il doit veiller, est assorti d'un exposé sur sa satisfaction devant un travail engagé dans les meilleures conditions et de l'annonce d'une juste rétribution, bien méritée. Ainsi déclare-t-il : «*Je m'engage à répondre à tous vos besoins... ainsi, pour vous, les greniers débordent de blé, pour que vous ne passiez pas un seul jour sans nourriture...* »

Durant l'absence prévue du souverain, le programme des travaux était donc bien tracé : l'activité serait bénéfique à tous, car la largesse des rétributions allait assurer le bien-être de nombreux travailleurs.

La reconquête de la Syrie

La récente expédition au sud de la Palestine avait porté ses fruits : on avait compris, en Galilée et en Canaan, que Ramsès allait reprendre le combat avec une détermination totale ; aussi la résistance à l'arrivée de Pharaon fut-elle limitée. À la fin de la huitième année et pendant la neuvième de son règne, vers 1271 avant J.-C., Ramsès put facilement avancer le long de la côte. Il semble que les Hittites ne se soient pas opposés au retour des Égyptiens dans ces stations du sud de la Phénicie.

Au nord de Gaza, Ramsès reprit Ascalon et quelques autres villes cananéennes. Puis, remontant vers le nord d'Amourrou, il évita Qadesh, qui restait pour lui une véritable épine dans le cœur, cette ville devant laquelle un des miracles dont il avait si souvent été coutumier s'était produit, mais qu'il n'avait pu reprendre.

Première prise de Dapour

Parmi les victoires – assez temporaires – à l'actif de Pharaon à la fin de l'an 8, celle de la ville de Dapour, au sud d'Alep, sur le territoire de la cité-État de Tounip, demeure la plus belle conquête, au regard des poussières de petites citadelles prises sur son chemin et représentées sur la face occidentale du premier pylône du Ramesseum.

De toutes les cités fortifiées qui, sensibles à la propagande hittite, s'étaient insurgées, celle de Dapour présentait le plus d'importance aux yeux de Ramsès, car elle constituait la place forte de la zone de

La première prise de Dapour. Thèbes-Ouest, Ramesseum (dessin Sabri) avec détails du relief de la prise de Dapour.

Le char du pharaon écrasant les ennemis. Thèbes-Ouest, Ramesseum.

pénétration hittite la plus septentrionale qu'il avait pu atteindre. Par deux fois il fit faire de la prise de la ville un tableau glorieux : dans le temple de Louxor, au mur occidental de la première cour, et surtout, fait remarquable, dans la salle hypostyle de son temple jubilaire, le Ramesseum. Sur le mur sud-est de l'hypostyle, le spectacle surgit. À gauche, en taille héroïque, le roi conduit ses deux chevaux tout en décochant ses flèches sur un amoncellement d'ennemis morts, tombés de leurs chars dans leur fuite vers la citadelle. Vêtus de leurs longues robes étroites, les adversaires de Ramsès présentent tous le type hittite : menton fuyant et lourde mèche de cheveux tombant dans le dos.

La droite du tableau est réservée à l'image de la citadelle, d'un type très différent de celui des places fortes égyptiennes et même amorrites. Celle-ci est assaillie par des soldats égyptiens et des *Shardanes*. À la base on distingue quatre sortes d'écrans coniques en forme de carapaces, soutenus par des piquets. Ils ont été dressés pour protéger quatre jeunes fils de Ramsès, qui paraissent vouloir

En haut
Les agressés jettent des pierres depuis la fortification.

Au centre
Égyptiens à l'assaut de la forteresse avec des échelles.

En bas
Scène de bataille.

participer à l'assaut. Ce sont Méryamon, Imenemouïa, Séthi et Sétepenrê. Deux autres princes, dont les noms ne sont pas indiqués, grimpent, bouclier en main, sur une grande échelle afin d'atteindre le second étage des fortifications. Les derniers niveaux sont occupés par les ultimes défenseurs, tirant à l'arc et lançant des pierres.

Alors se déroule le dernier épisode : la scène de capitulation. Deux des fils aînés de Ramsès, Khâemouaset et Montouherkhépéshef, se préparent à égorger les chefs ennemis. Au sommet de la ville fortifiée, l'oriflamme est bien transpercée de flèches, confirmant ainsi l'investissement de la cité.

Les bas-reliefs ont été sculptés avec un sens affirmé de la composition, par les meilleurs artistes, qui ont su allier une grande liberté d'expression à la suprême élégance : l'action a été étudiée dans ses plus infimes détails.

La récompense des guerriers

Durant les combats de la huitième année, en Galilée et en Amourrou, soldats égyptiens et mercenaires d'origine étrangère, dont les *Shardanes*, s'étaient montrés à la hauteur de toutes les situations. C'était une armée disciplinée, motivée… et victorieuse. Tout comme au pays Ramsès avait su reconnaître l'excellence de ses artisans, il devait maintenant récompenser et renter officiers et soldats. Il allait leur distribuer des terres, mais surtout il allait, au retour, en l'an 9, les honorer en public. De nombreuses stèles furent gravées à cette occasion, sur lesquelles on peut encore admirer l'image du roi distribuant coupes, objets et colliers d'or.

Ramsès monté sur un de ses colosses lance divers objets précieux aux militaires, partie inférieure d'une stèle de Qantir. Musée de Hildesheim.

La contre-offensive des confédérés

Il ne paraît pas que, durant cette dernière campagne de Ramsès en Syrie du Nord, le Hittite Mouwattali, sans doute proche de sa mort, ait eu l'intention ou la possibilité de rassembler une nouvelle coalition. Il est cependant hors de doute qu'il avait envoyé des renforts à ses alliés, principalement aux princes d'Alep et de Karkémish, mais cela n'avait pas suffi à protéger la forteresse. Cependant, dès le départ de Pharaon et son retour en Égypte, la petite garnison égyptienne laissée sur place ne put s'opposer à l'assaut des alliés voisins du Khatti, et la place forte fut reprise. Quant à l'effigie de Ramsès, elle fut capturée, à défaut de pouvoir l'emprisonner lui-même.

Reconquête de Dapour

L'obligation se présentait à Ramsès de repartir, une fois de plus, avec ses troupes, pour affirmer la présence de la puissante Égypte en ce point stratégique du Proche-Orient. Vers 1270-1269 avant J.-C., il passa de nouveau près du Nahr el-Kelb, où il fit ériger une troisième stèle. La rage au cœur, il conduisit une attaque si précipitée dès son arrivée sur le terrain qu'il descendit de son char et, à pied, campé devant la citadelle, comme le montre le relief du temple de Louxor, il l'attaqua de ses traits puissants, à la tête de ses hommes.

Il semble qu'il n'ait été victime d'aucune blessure et qu'il ait pu à nouveau pénétrer dans Dapour.

Cependant, après le départ de Pharaon, les villes syriennes retombèrent sous la coupe de leur puissant et très proche voisin.

Seconde bataille de Dapour. Temple de Louxor.

La mort de Mouwattali

Il est loisible de supposer qu'à cette époque Ramsès a dû regretter d'avoir prêté une oreille distraite aux propositions de paix faites par Mouwattali au lendemain de Qadesh. Le moment n'était plus favorable à la réalisation de ce projet, alors que le *Soleil du Khatti* venait de décéder, et que son successeur, le fils d'une concubine, était monté, indûment semble-t-il, sur le trône. Ce prince, Ourhi-Teshoub, intronisé sous le nom de Moursil III, était un personnage sans envergure, qui prenait ombrage de son oncle Hattousil, une forte personnalité : il l'éloigna au nord du royaume. Moursil III commença à régner dans une atmosphère d'intrigues et de bassesse, limitant son action personnelle aux strictes frontières de son royaume.

Statue d'Ounennéfer, grand prêtre d'Osiris. Paris, musée du Louvre.

Plus qu'auparavant, Ramsès jugeait que la diplomatie lui assurerait une sécurité supérieure à celle que pouvaient lui fournir ses valeureuses expéditions, coûteuses en hommes, au détriment du bonheur et de la prospérité de son peuple. Beaucoup plus sage était de consolider les positions sérieusement acquises, et de profiter des dissensions chez les Hittites, ce qui lui vaudrait un *statu quo* au-delà de la zone qu'il n'avait pas les moyens de contrôler de façon constante.

Pendant les six années qui suivirent, l'action des gouverneurs égyptiens remplaça progressivement les répressions armées. Ainsi purent-ils maintenir l'ordre en Canaan et dans une partie de l'Amourrou.

Le bien-être du pays

En l'an 10 du règne, Ramsès, revenu d'une nouvelle campagne syrienne, ne nourrissait plus réellement l'espoir de reconquérir l'Amourrou par les armes : il s'était résolument tourné vers une solution plus diplomatique, afin d'éviter les événements qui, tôt ou tard, pourraient menacer ses frontières.

Les impôts rentraient régulièrement chez les percepteurs, aussi bien dans le pays que dans les bureaux des gouverneurs d'Asie et du vice-roi de Nubie. Les Deux Terres connaissaient l'opulence et tout y était calme.

Durant la douzième année du règne, à Karnak, le pontificat de Nebounénef, grand prêtre d'Amon, venait de s'achever. Ramsès, procéda à la nomination du nouveau titulaire en la personne d'Ounennéfer, père de son fidèle Imeneminet. Au retour de cette cérémonie à Thèbes, il ne manqua pas de visiter les chantiers des temples dont, progressivement, il enrichissait son territoire : celui d'Akhmim lui tenait particulièrement à cœur. La cité avait été le foyer de la famille de Tiyi, grande épouse d'Aménophis III, dont il connaissait l'indiscutable influence exercée sur son fils, Aménophis IV. Autour du temple principal de la ville, les prêtres-savants, en rapport étroit avec le clergé d'Hermopolis, formaient toujours un foyer d'études astronomiques où avait été instruit Aanen, le propre frère de Tiyi. Aussi Ramsès II avait-il tenu à consulter les travaux de ces infatigables chercheurs au moment de la fondation de ses temples, principalement ceux d'Abou Simbel et du Ramesseum.

Il avait décidé d'ériger un autre sanctuaire dans la ville : il visiterait lui-même de nouvelles carrières, lorsque les pylônes seraient édifiés, pour les orner de colosses le représentant entouré de ses filles aînées, principalement Mérytamon.

La révolte en *Irem*

Avant même qu'il eût regagné Pi-Ramsès, un messager du vice-roi de Nubie, Iouny, le rejoignit pour l'informer de troubles qui se manifestaient au lointain *Irem*, dans la région de la troisième cataracte. Comme à l'accoutumée, la réaction de Ramsès fut immédiate. Il dépêcha des forces armées cantonnées à Thèbes, puisées dans la division d'Amon, et délégua à la tête de ses troupes, à côté du vice-roi, quatre de ses fils en cours d'entraînement militaire à Memphis, dont Sethemouïa et Khâemouaset.

Pour servir d'exemple en pays de *Koush*, le roi ordonna de faire figurer sur les murs de la grande porte de la nouvelle résidence du vice-roi, à Amara-Ouest, le bilan de l'expédition répressive : la capture de 7000 rebelles en un très court laps de temps. Les félicitations de Pharaon à son vice-roi furent nuancées, et ce dernier fut prié d'inspecter plus régulièrement la province du Grand Sud, où plus aucun incident ne se produisit.

Choix de fils royaux pour la guerre

Le fait que le fils aîné de Ramsès, Imenherkhépéshef, n'avait participé ni aux sièges et batailles de Dapour, ni à la répression d'*Irem*, a laissé croire que le prince héritier avait pu disparaître de la scène après la grande expédition palestinienne des années 7-8 (1272-1271 avant J.-C.). Cette absence pourrait au contraire accréditer

Le message des temples

Chaque année, lorsque l'étoile Sothis (Sirius) était à nouveau resplendissante à l'horizon, après soixante-dix jours d'invisibilité, elle faisait apparaître près d'elle le soleil. C'était le renouveau de l'astre, et le retour d'Osiris, se manifestant dans les eaux fécondatrices de Hâpi, l'Inondation. Le maintien de ce phénomène, de caractère cyclique, devait être garanti par l'action de Pharaon, dont le rôle essentiel était d'en assurer le déroulement infaillible par des rites appropriés. Aussi Ramsès avait-il décidé, en créant au nord de la deuxième cataracte les deux grottes sacrées, près du secteur où le Nil pénétrait en Nubie égyptienne, de constituer ainsi le lieu mythique où se jouerait le miracle du Jour de l'An. Le début de l'année (18-20 juillet) conciliait la réapparition de Sothis et l'arrivée providentielle de l'inondation.

Pour matérialiser le projet à caractère cosmique du roi, les deux sanctuaires, indépendamment de leur message historique, étaient donc parfaitement complémentaires dans leur rôle d'illustrer le phénomène sans lequel l'Égypte n'existerait pas. Leur présence, en cet endroit, devait avant tout évoquer cette mise au monde de l'astre rénové à l'aube de l'année par la divine étoile que l'on appelait déjà, il y a cinq mille ans, l'étoile du Chien.

Ramsès et Nofrétari font offrande à « La Grande » (Ta-Ouret) pour un heureux renouvellement annuel. Abou Simbel, Ibshek.

Ramsès-Rê-Horakhty domine la façade de Méha. Thèbes-Ouest, Abou Simbel.

Le soleil s'incarnait en Ramsès (*Ousermaâtrê*), dominant la porte du grand temple sous l'aspect d'un homme à tête de faucon ornée du disque solaire (*Rê*) et s'appuyant sur les symboles *ouser* et *maât*.

Quant à l'étoile Sothis, Ramsès avait voulu que son royaume la reconnût en la personne de Nofrétari, celle qui avait mis au monde l'héritier du trône, Imenherkhépéshef. Pour en jouer le rôle, elle en avait été investie par deux des formes féminines du divin : Hathor et Isis. Tout, dans la grotte d'*Ibshek* où cet avatar divin est représenté, personnages, offrandes, fleurs, prière du couple royal à la déesse *Ta-Ouret* (« La Grande ») pour obtenir l'heureuse naissance (de l'année), tout évoque la féminité.

Double page suivante
Temples de Ramsès II et de Nofrétari. Abou Simbel, Méha et Ibshek.

Le spectacle

Après les cérémonies mystérieuses du saint des saints, le rite final était mimé, à l'aube du jour prescrit, par le couple royal devant les deux grottes, en présence des prêtres du Nil et des grands de la cour entourant la famille royale. L'Inondation se manifestait alors...

Sur la façade d'*Ibshek*, la lumineuse statue de Nofrétari, portant avec majesté la coiffure de Sothis, semble surgir telle l'étoile à l'horizon, tandis que, dominant l'entrée du grand sanctuaire, Ramsès-Rê-Horakhty apparaît, tel l'astre du jour au firmament.

Alors la divine barque de Thot, celle du Temps, conservée dans la salle creusée à même le rocher à l'extérieur, au sud du temple, allait être placée sur la nef royale qui la ramènerait vers l'Égypte, symbole de l'inondation provoquée par Pharaon. L'accueil de cette barque était fêté à Thèbes, à l'arrivée du flot. Au Ramesseum, les nacelles divines seraient extraites du temple sur des brancards portés par les prêtres, pour aller souhaiter la bienvenue à la force cachée qui se manifestait à nouveau.

Ramsès était donc bien le garant du flot, et se confondait avec lui ! Le dernier colosse sud d'*Ibshek*, haut de 16 coudées, représentait ainsi la première image de la puissance magique de l'Inondation idéale en son débit le plus bénéfique.

L'autel solaire, au nord de *Méha*, était encadré de deux petits obélisques, supportant quatre cynocéphales debout adorant le soleil. Contre le mur, au nord, une chapelle contenait à l'ouest la statue d'un immense scarabée dominé par le globe solaire (image de Horakhty) et à l'est celle du cynocéphale assis de Thot, coiffé du croissant lunaire (image de la Lune). Lune et soleil se succédant, c'est le circuit fermé : c'est l'éternité. À l'aube, en ce début d'année, avant de prendre le chemin du retour, Ramsès monterait les quelques marches de l'autel et, face à l'est, il ferait apparaître le nouveau soleil entre les deux obélisques, garantissant ainsi l'éternelle révolution du temps cyclique.

Retour aux réalités terrestres

Avant de reprendre la direction du Delta, l'arrêt à Thèbes permit à Ramsès et à la famille royale de pénétrer dans la grande cour du temple de Louxor, que les architectes du roi faisaient achever. Des colosses du roi, flanqués des images des grandes épouses royales (à l'exception d'Isisnofret), venaient d'y être érigés entre

Colosse de Ramsès II. Temple de Louxor.

Porte royale de Hattousa, capitale des Hittites. Boghazköy, Turquie.

définitive, toujours en langue babylonienne : elles furent confiées à une mission diplomatique chargée de les remettre, dans son palais de *Hattousha*, au souverain hittite Hattousil.

Enfin, Ramsès donna ordre que le précieux document, le premier traité international de l'histoire, fût gravé à Thèbes, en hiéroglyphes naturellement, sur les murs de Karnak, et aussi au Ramesseum, près de la scène de la bataille de Qadesh. Il paraît évident que les murs des temples de Pi-Ramsès devaient en porter une version…

Contenu du traité

Ce traité proposait avant tout : *Fraternité belle et paix*. C'est, dans ses grandes lignes, un pacte mutuel de paix, de non-agression réciproque, d'extradition et de traitement humain des extradés, et aussi d'assistance mutuelle contre tout agresseur. Il traite enfin de l'alliance des familles régnantes pour assurer le respect du principe de légitimité. Son contenu présente des traits du droit international encore en vigueur de nos jours !

Si les versions hittite et égyptienne comportent quelques légères variantes, les deux textes demeurent néanmoins en parfait accord, dans la partie conservée qui leur est commune. Elles présentent une vingtaine de paragraphes concernant les points essentiels, et se réfèrent plusieurs fois à l'accord passé avec l'Égypte au moment où

Soupilloulioumа, contemporain des rois amarniens, régnait sur le Khatti. De très graves événements avaient soumis cette convention à une épreuve, lorsque le prince Zananza, son fils, que la veuve de Toutânkhamon avait pensé prendre pour époux, fut assassiné sur le chemin de l'Égypte, très probablement sur l'ordre de Horemheb.

La version égyptienne de ce traité commence ainsi :
Le traité que le grand maître du Khatti, le héros, fils de Moursil, le grand maître du Khatti, le héros, petit-fils de Soupilloulioumа, le grand maître du Khatti, le héros, fit rédiger sur une tablette d'argent pour Ousermaâtrê Sétepenrê, le grand roi d'Égypte, le héros, fils de Menmaâtrê, le grand roi d'Égypte, le héros : ce traité de paix et de fraternité honnête, qu'il donne la paix et la fraternité entre nous, grâce à ce traité entre le Khatti et l'Égypte, pour l'éternité !
En ce qui concerne Mouwattali, le grand maître du Khatti, il combattit le grand souverain d'Égypte. Lorsqu'il eut succombé à son destin, Hattousil prit sa place sur le trône de son père... Aujourd'hui il s'est mis d'accord par un traité pour établir la relation que Rê a faite, entre la terre d'Égypte et la terre du Khatti, pour écarter les hostilités entre eux, à jamais... Que les enfants du grand maître du Khatti demeurent en paix et en fraternité avec les enfants des enfants de Ramsès...

Puis sont évoqués tour à tour, dans le corps du texte, un pacte de non-agression entre les deux nations sœurs, le renouvellement de l'ancien contrat d'entente passé sous Mouwattali afin de maintenir la paix, la promesse d'une défense commune si l'une d'elles était attaquée, ainsi que l'assurance de voir le fils de Hattousil succéder à son père sous l'égide des Égyptiens. Enfin ce sont l'extradition et l'amnistie des réfugiés qui sont abordées, ces derniers devant impérativement être renvoyés dans leur pays d'origine mais sans subir de sévices.

Le traité se termine alors sur la mise en garde suivante :
En ce qui concerne les paroles qui sont gravées sur cette tablette d'argent de la terre de Khatti et de la terre d'Égypte, les mille formes divines de la terre de Khatti et les mille formes divines de la terre d'Égypte détruiront la maison, la terre et les serviteurs de celui qui ne les respecterait pas.
Quant à celui qui respectera ces paroles inscrites sur cette tablette d'argent, Hittite ou Égyptien, et qui en tiendra compte, les mille formes de la terre de Khatti et les mille formes divines de la terre d'Égypte lui assureront prospérité et vie, à sa maison, son pays, ses serviteurs.

Sceau hittite, celui de Moursil (en haut à droite) et celui de Toudliya IV où l'on voit figurer également le roi et la reine.

Premiers résultats

Les empreintes du sceau hittite avaient fortement impressionné Ramsès. Ne contenaient-elles pas l'image de Seth protégeant le roi hittite, Seth le patron de sa famille ? Et puis, autre innovation, voici qu'une des faces du sceau officiel du royaume hittite était réservée à la reine, considérée comme l'égale de Hattousil, *souveraine du pays*. Alors, pour se montrer aussi « libéral » que le Hittite, Ramsès souligna que les femmes de sa famille tenaient aussi leur place dans les affaires de l'État : Touy et Nofrétari devaient montrer l'intérêt prêté à ces échanges diplomatiques ; elles entreraient en correspondance avec la reine Poudoukhépa.

Certes, ce fut en grand apparat que Pharaon reçut cette fameuse tablette d'argent, métal qui avait été si rare sur les rives du Nil. Les paroles de respect qui entouraient la citation des noms des deux souverains témoignaient de l'estime réciproque dans laquelle se tenaient ceux qui se considéraient déjà comme les deux maîtres du Proche-Orient, « traitant sur un pied d'égalité absolue ». Mais l'esprit qui régnait encore entre les deux anciens antagonistes n'aurait certes pas permis leur rencontre, dont on ne sait même pas si elle se fit jamais, en dépit des liens de famille qui les uniraient un jour.

Il y eut cependant des festivités dans les deux pays ; un échange courtois de félicitations et de premiers présents fut véhiculé par des messagers vigilants. Puisque, dans cet État hittite, la reine partageait les plus éminentes responsabilités du souverain, Poudoukhépa, parallèlement à Hattousil qui écrivait à Ramsès, s'adressa à Nofrétari ; elle lui exprima sa satisfaction pour la paix fraternelle qui unissait dorénavant les deux pays. Pour répondre à des paroles aussi chaleureuses, Nofrétari fit venir un des interprètes du ministère des *Relations avec les pays étrangers*, qui transcrivit en cunéiforme babylonien sa réponse à Poudoukhépa.

Le prince héritier modifie son nom

La reine mère Mout-Touy, à son tour, avait adressé des missives d'une grande noblesse aux souverains hittites ; le vizir Pasar aussi naturellement, ayant contribué aux échanges de vues préliminaires à la rédaction définitive du traité. Dans les archives de la capitale hittite, miraculeusement retrouvées, figurait entre autres la contribution épistolaire du prince héritier égyptien, mais le nom n'était pas le même. Il ne s'agissait plus d'Imenherkhépéshef, mais de Sethherkhépéshef. Certains historiens ont sans doute trop vite imaginé que le premier était décédé. Mais aucun document ne permet de l'affirmer, d'autant que ce fils aîné de Ramsès avait déjà changé une première fois de nom.

D'Imenherounémef, tel qu'il accompagne pour la première fois son père à la guerre, le petit garçon, qui était ainsi sous l'aura protectrice d'Amon, devient à l'issue de la bataille de Qadesh *Imenherkhépéshef* : (« Celui qui reçoit d'Amon son arme victorieuse »). Après le traité de paix où les relations avec le Khatti rapprocheront l'empire de Ramsès de celui de cet autre grand pays qui vénère Seth, patron du Khatti et de tant de ses villes, il avait paru opportun de remplacer le nom du dieu thébain par celui de Seth, l'ancêtre de la *gens* ramesside, dans le nom du prince héritier. Ce dernier était appelé à entretenir de nombreux rapports avec son « père » hittite ; au reste, le prince écrivit sans tarder au maître du Khatti, non seulement pour le féliciter, mais aussi pour l'avertir qu'il *avait adressé des présents à [s]on père, par l'envoyé Parikhanaoua*.

La nouvelle de ce traité de paix fut diffusée par les chancelleries ; des lettres officielles furent adressées aux États avec lesquels le Khatti et l'Égypte entretenaient des relations diplomatiques.

Le traité de paix faisait son chemin, et la situation ainsi créée conduisit bientôt à la reprise des relations entre l'Égypte et Babylone : par la suite, Ramsès accueillit une princesse babylonienne dans son harem ; enfin, Hattousil finit par s'entendre avec Salmanasar Ier d'Assyrie. Mais il fallut que les années passent pour que s'estompât le différend interne, toujours latent entre Ramsès et Hattousil, à propos d'Ourhi-Teshoub. La susceptibilité du second était irritée par l'attitude du premier, qui ne voulut pas appliquer une clause du traité et remettre à l'oncle le fugitif impénitent.

6

L'AVÈNEMENT DU ROI-DIEU

Érection du pilier djed *par Pharaon.*
Abydos, temple de Séthi Ier, sanctuaire d'Osiris.

La « descenderie »
La profonde descente donnant accès à la chambre funéraire n'est plus dans l'axe de l'antichambre, comme dans le caveau de Touy, mais emprunte une direction oblique. Sur les murs de la « descenderie », on retrouve la belle reine faisant offrande du vin devant la forme féminine d'Hathor qui s'apprête à l'accueillir dans son giron et à la faire renaître à la vie éternelle. Jusqu'à cette ultime transformation, Nofrétari sera assistée par Anubis.

Le caveau
Le second niveau (inférieur) du caveau est constitué de la grande salle aux quatre piliers, entre lesquels la grande cuve de granit rose avait été descendue. Une partie du décor représente deux officiants revêtus de la peau de léopard, sans doute les deux fils aînés de la défunte, Sethherkhépéshef et Méryatoum, s'apprêtant à accueillir la momie.

Une fois les couvercles successifs des sarcophages refermés, et celui de la cuve de granit remis en place, le sort de la défunte fut confié aux quatre immenses signes *djed*, décorant entièrement les faces internes des piliers, les plus proches de la cuve.

Isisnofret apparaît

Coïncidence, ou phénomène intentionnellement exprimé, voici qu'entre les années 24 et 30 apparaissent, en Haute-Égypte, l'image et la mention d'Isisnofret, accompagnée des membres les plus proches de sa famille. Sur une paroi granitique de la région d'Assouan, une stèle rupestre présente Ramsès devant Khnoum, seigneur de la cataracte, accompagné d'Isisnofret et de Khâemouaset, puis de Bentanat, sa fille aînée, du général Ramsès, son fils aîné, et enfin du treizième fils, et en définitive successeur, Mérenptah. Peut-être, avant cette époque, occupa-t-elle une place de premier plan dans le décor officiel des palais et des temples de Memphis et de Pi-Ramsès, loin de Thèbes, mais aucun vestige n'en est encore apparu, dans les ruines très bouleversées de la prestigieuse capitale.

Cependant, il semble qu'à partir de la disparition de Nofrétari un tabou soit levé. Un peu plus tard, on retrouvera un autre groupe familial autour du roi et d'Isisnofret : ainsi voit-on représenté, au Gébel Silsilé, Pharaon faisant l'offrande de Maât à Ptah. Devant lui, le prêtre-*sétem* Khâemouaset. Le roi est suivi d'Isisnofret et de Bentanat. Au registre inférieur, figurent le scribe royal et général Ramsès, et le treizième fils Mérenptah. Ces figurations demeureront

En haut
Amulette en forme de pilier djed *de la reine Nofrétari. Turin, Musée égyptien.*

En bas
Fleur de lotus, au nom de la « reine Nofrétari ». Paris, musée du Louvre.

Page de gauche
Détail : Nofrétari présente le vin de l'extase divine, pour Hathor. Thèbes-Ouest, Vallée des Reines, tombe de Nofrétari.

mariage avec la princesse hittite avait pu se produire, c'est que le dieu avait agi en conséquence, et en avait averti son fils :

J'ai provoqué des secousses pour toi afin de t'annoncer le grand miracle sacré ; le ciel a tremblé, et ceux qui étaient là se sont réjouis de ce qui t'arrivait. Les montagnes, les eaux et les murs qui sont sur la terre ont été secoués parce qu'ils ont vu le décret que j'ai pris pour toi... Les gens du Khatti seront les serfs de ton palais... J'ai placé cela dans leurs cœurs pour les amener courbés devant ton ka, *les tributs de leur chef et leurs présents pour la puissance de Ta Majesté, et sa fille [aînée] à leur tête...*

Après de telles faveurs, où l'on doit reconnaître le point culminant du règne de Ramsès, ce dernier tint à assurer Ptah-Taténen de sa très grande piété filiale, d'où la description des nombreuses fondations dédiées à ce père, dans Memphis. Le grand temple memphite de Ptah présente encore des ruines permettant d'imaginer son étendue, ses annexes, les chapelles élevées aux formes divines associées, telle *Hathor-du-sycomore-méridional*. Les

Statue de Ramsès II. Turin, Musée égyptien.

ruines des pylônes et les statues monumentales jalonnent encore les voies triomphales. Certaines effigies du roi ont été exhumées dans la palmeraie de Memphis, dont le grand colosse couché, chef-d'œuvre incontesté de l'art ramesside, au même titre que la très célèbre statue de Ramsès conservée au Musée égyptien de Turin.

Double page suivante
Colosse couché de Ramsès II. Memphis, palmeraie de Mit Rahineh.

Ces grandes dames royales

On ne sait quels rôles particuliers furent confiés aux secondes grandes épouses royales : Bentanat et Mérytamon. Elles occupaient les places d'importance auprès de Pharaon, avant même le décès de la reine mère Touy (aux environs des années 22-23). Douze années après (ans 34-35), elles allaient être supplantées par Maâthornéféroure, aux côtés de qui une autre fille de Ramsès, Nébettaouy, serait une nouvelle grande épouse royale : elle en reçut effectivement le titre et son hypogée fut préparé pour elle dans la *Set-Néférou* (tombe n° 60).

Bentanat semble avoir occupé dans le royaume une place d'autorité auprès du roi : dans sa sépulture de la *Set-Néférou* (tombe n° 71), on la voit en effet représentée sur l'un des murs, faisant l'offrande de Maât, c'est-à-dire assumant le maintien de l'équilibre dans le royaume, et contribuant ainsi à l'harmonie universelle : une fonction royale. De surcroît, elle donna à Pharaon une fille, représentée par deux fois dans la même sépulture que sa mère, et décrite comme *Fille du roi, de son corps*.

Son nom, *Bentanat* (« fille de la déesse Anat »), indiquerait-il encore une fois les attaches syriennes de sa mère ? Au vrai, aucun écrit ne peut aider, à ce jour, à déceler les origines d'Isisnofret, non plus que celles de Nofrétari.

Ces dernières, désignées par Séthi et probablement Touy, au moment où fut constitué le harem du jeune corégent, devaient avoir été choisies avec le plus grand souci de sélection, parmi les héritières princières les plus notoires, mais aucune indication n'est donnée quant à leurs origines.

Notons toutefois que plus de six années après l'union de Ramsès avec la princesse hittite, celui-ci fit encore représenter l'image statufiée de Bentanat contre un de ses colosses « porte-enseigne », à l'entrée de son temple nubien dédié à l'*Amon des Chemins* (à Ouadi es-Séboua), construit entre les années 38 et 44 du règne. Ce choix montre la place indiscutable encore occupée par l'aînée des grandes épouses royales du moment, alors que Mérytamon, Nébettaouy et Maâthornéféroure étaient également proches de Pharaon.

nouvelles fondations. Il allait œuvrer pour le complet achèvement de Derr, consacré à Rê, mais aussi entreprendre la construction du grand temple d'Amon, au débouché des caravanes arrivant du vaste désert libyque.

C'était un nouveau reposoir pour la barque sacrée flottant sur les eaux de l'Inondation : ainsi, à son départ de *Méha* et d'*Ibshek*, la nef était reçue dans la station de Derr. Elle en repartait pour s'arrêter à nouveau dans le domaine d'Amon, appelé de nos jours Ouadi es-Séboua. Au cours de cette nouvelle construction, il importait d'introduire directement l'image de Ramsès parmi les représentations divines.

Le grand prêtre d'Amon, Bakenkhonsou. Le Caire, Musée égyptien.

Le premier prophète d'Amon, Bakenkhonsou

En l'an 39, après le retrait, ou le décès, du brillant Pasar (an 38), Ramsès procéda à la nomination du nouveau grand prêtre d'Amon, Bakenkhonsou, un exceptionnel fonctionnaire sacerdotal dont la carrière se déroula entièrement au service du temple. Fils du second prophète Roma, il passa sa tendre enfance, auprès de celui-ci. Puis, pendant douze années, après avoir suivi l'école du temple de Mout à Karnak, il fut affecté au poste de chef de l'écurie d'entraînement de Séthi Ier. Ensuite, de dix-sept à vingt ans, il devint simple prêtre-*ouâb* (« pur »). Dès sa vingt et unième année, et jusqu'à la trente-deuxième, on le nomma *Père divin*. Il reçut alors la charge de troisième prophète pendant quinze ans. Ensuite, jusqu'à cinquante-neuf ans, il fut deuxième prophète. Il était juste qu'il occupât le siège de premier prophète d'Amon, entre sa soixantième et sa quatre-vingt-sixième année.

Contemporain de Pharaon, sans doute légèrement plus jeune que lui d'à peine quelques années, il mena probablement à sa *demeure d'éternité* celui auquel il voua une fidélité sans faille. Avec les encouragements de Sa Majesté, désireuse de consacrer chaque jour davantage son temps aux œuvres pieuses, Bakenkhonsou réserva toute son activité à son sacerdoce, et à l'enrichissement architectural du temple des temples : Karnak. Il sut s'entourer d'architectes et d'artisans très efficaces, tel le petit-fils du général Ourhiya et le chef des gendarmes, Hatiaÿ, lequel, entre autres, *érigea les grands mâts d'oriflammes dans le temple d'Amon*, et enfin Nakhtdjéhouty, surintendant des charpentiers et chef des orfèvres. Ce dernier demeura fameux pour avoir plaqué de feuilles d'or et d'électrum plusieurs portes dans les sanctuaires et, paraît-il, jusqu'à vingt-six barques sacrées portables : il faut croire que le vice-roi de Nubie Séthaou appliquait une ferme détermination à faire rentrer de l'or de Nubie !

Le grand temple d'Amon et le lac sacré à Karnak.

Vers une approche populaire du dieu

Ce n'était pas seulement de l'enrichissement des sanctuaires de Karnak que Ramsès était soucieux en cette période de grande opulence du pays. Il pensait, en priorité, à l'évolution du culte suivant la réforme qu'il avait entreprise depuis de nombreuses années, réforme que les guerres et la diplomatie avaient différée. Il avait tenté, avec un certain succès, d'élargir l'entendement du divin. Il voulait désormais entreprendre d'ouvrir au commun des mortels un accès à la maison du dieu, de même qu'il avait ouvert à l'écriture la corporation de ses artisans.

Le résultat s'était déjà fait sentir dans les humbles prières adressées par les gens du peuple, révélant ce que l'on a pu appeler la *religion du pauvre*. Pour réaliser son projet, il choisit l'est de Karnak. N'était-ce pas aussi proche de l'endroit où avait été érigé l'*obélisque unique*, signe indiscutable d'un culte solaire dans le domaine d'Amon ?

En avant de l'axe dans lequel l'obélisque avait été dressé, il fit construire un nouvel édifice, contenant une statue monumentale de lui-même ; à travers une sorte de large fenêtre donnant à l'extérieur vers l'orient, les prières devaient être directement adressées par ses sujets à Pharaon-dieu pour qu'il intercédât auprès de ses pairs, dans le domaine des forces supérieures.

Bakenkhonsou avait bien mérité de ceux à qui il avait réservé sa fidélité : il avait exercé son sacerdoce avec bonté, et ses talents de constructeur et de décorateur, parfois aussi de juge, lui avaient donné le droit d'ériger sa statue dans le temple.

Du temps de sa splendeur, ce temple de *Ramsès-aimé-d'Amon-qui-écoute-les-prières* devait être l'une des plus belles réalisations architecturales de Bakenkhonsou. Il laissa son nom attaché à la façade du monument, que l'on appelait de son temps *la porte de Béki*, Béki étant le diminutif de Bakhenkhonsou.

Le temps du quatrième jubilé

À la veille de l'année jubilaire, en l'an 39 du règne, le deuxième fils du roi, le général Ramsès, reçut un titre d'*héritier* dont on ne connaît pas exactement la portée. L'an 40 du règne commençait en même temps que le quatrième jubilé était annoncé dans tout le pays, une fois de plus, par le grand prêtre de Ptah, Khâemouaset, et le vizir Khaÿ. Au nom de *Ramsès-aimé-d'Amon* était dorénavant ajouté *dieu, souverain d'Héliopolis*. L'Égypte commençait à s'habituer à ces très spectaculaires cérémonies de fêtes-*Sed* qui s'ajoutaient encore aux fêtes et pèlerinages traditionnels. Pour l'occasion, à Abydos, le grand prêtre d'Osiris avait une fois de plus commandé de nouvelles statues de métal précieux en l'honneur du roi.

Pyramidion du scribe royal Ramosé, Deir el-Médineh. Turin, Musée égyptien.

L'opulence peut engendrer les excès

Les provinces étrangères venaient régulièrement verser leurs tributs, la Nubie continuait à fournir son or, l'opulence régnait sur un pays sans plus aucune levée de troupes pour les guerres, désormais bien éloignées. Seuls les grands travaux de construction provoquaient les réquisitions classiques de main-d'œuvre, principalement pendant les périodes d'inondation. L'administration connaissait une grande stabilité, à condition que les fonctionnaires en charge des différents secteurs demeurent irréprochables. Ce n'était plus le cas dans la corporation des artisans de Deir el-Médineh, où le départ de Ramosé, scribe de la tombe (royale), favorisa l'introduction, dans ses fonctions, de son fils adoptif Quenherkhépéshef. Des pratiques malhonnêtes, vieilles comme le monde, furent décelées : utilisation d'ouvriers et d'artistes pour des besoins personnels, etc.

une des dernières princesses royales ? Serait-ce alors Hénoutmirê dont la tombe fut aussi préparée dans la *Set-Néférou* ? Les documents manquent pour cette dernière période de la vie du grand souverain.

La mort de Hattousil

En l'an 42 du règne, les pigeons voyageurs, les messagers ensuite vinrent informer Ramsès que le grand du Khatti venait de passer dans le vaste et redoutable domaine du dieu de l'Orage. Le prince Hishmi-Sharouma lui succéda sous le nom de Toudkalia IV. Il paraît certain que les bonnes relations entre les deux pays furent maintenues jusqu'à s'amenuiser progressivement après le trépas de Ramsès.

Le temps du cinquième jubilé

Le prince Khâemouaset, toujours secondé par le vizir Khaÿ, célébra lui-même, pour la dernière fois, le cinquième jubilé de son père qui allait entrer dans sa soixante-huitième année. Quelques mois auparavant, Ramsès avait fait organiser une fête pour l'union de son vingt-troisième fils, Samontou, sans doute fils d'une épouse secondaire, avec la jeune Iryet, fille d'un opulent capitaine de navire syrien... La tentaculaire famille de Pharaon se répandait dans diverses directions ! Et Pharaon entendait, sur le plan politique comme sur le plan des croyances religieuses, élargir les frontières.

Plan du temple de Ouadi es-Séboua.

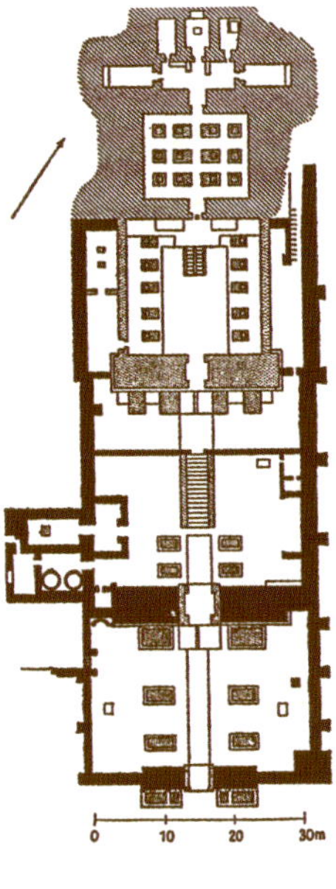

L'achèvement du temple d'Amon

Ramsès ne cessait de porter toute son attention sur les fondations de Nubie. Aussi lui semblait-il que l'édification du temple d'Amon au débouché des routes caravanières (Ouadi es-Séboua) tardait un peu. En l'an 44 du règne il fit savoir à Séthaou, son vice-roi, qu'il devait hâter l'achèvement de l'hémispéos, et pour ce faire l'autorisa à lever une main-d'œuvre dans les régions voisines, ce qui neutraliserait aussi certains bédouins attirés par les produits véhiculés en caravanes. Ayant les mains libres, Séthaou, que les scrupules n'étouffaient certes pas, ordonna à Ramosé, commandant de la compagnie locale de Ramsès II nommée *Amon-protège-son-fils*, d'opérer une razzia dans les oasis du sud de la Libye, au pays d'*Irem*, probablement celles de Dounkoul et de Kourkour, et fit ainsi travailler les *Tjéméhou* originaires de la Marmarique à l'achèvement du grand temple d'Amon en Nubie.

L'hémispéos de Gerf Hussein

L'ensemble de Ouadi es-Séboua sitôt achevé, doté d'un imposant *dromos* entre désert et fleuve, Séthaou devait, suivant les ordres pressants du roi, faire procéder au creusement et aussi à l'érection du monument qu'il convenait de dédier en hémispéos à Ptah-Ténen, grand maître des jubilés. À l'image du sanctuaire précédent, celui qui allait maintenant être entrepris sur la même rive occidentale, mais plus au nord de Kouban et du Ouadi Allaki, devait être aussi constitué d'une partie antérieure construite, avec une allée de sphinx en accueil et une cour à ciel ouvert bordée d'un péristyle aux piliers ornés de statues osiriaques. Puis on pénétrait dans le saint des saints, creusé dans le rocher.

Allée de sphinx de Ouadi es-Séboua. Abou Simbel.

Mort de Khâemouaset

En l'an 55 du règne, Khâemouaset n'était plus. Pour ses quatre-vingts ans, il restait à Ramsès à pleurer ce fils si proche de son cœur, et qui avait tant œuvré avec lui pour édifier de nouveaux sanctuaires et mieux pénétrer les secrets du divin.

Khâemouaset, grand prêtre de Ptah et premier archéologue du monde, disparut après quarante années au service de Ptah-Ténen. Il semble qu'il ait tenu à être inhumé dans une des galeries souterraines du Serapeum de Memphis, dont il avait été l'initiateur. Quoi qu'il en soit, Auguste Mariette, directeur général des Antiquités de l'Égypte, découvrit en 1853, dans ces locaux, des

Masque funéraire du prince Khâemouaset. Serapeum de Saqqarah. Paris, musée du Louvre.

vestiges ayant certainement appartenu à l'équipement funéraire du prince : son masque d'or et des éléments du trésor, parmi lesquels de fastueux bijoux en or cloisonné, au nom de Pharaon, qui sont très probablement des dons de son père.

Amulette représentant le nœud d'Isis au nom de Khâemouaset. Paris, musée du Louvre.

Le dixième jubilé de Ramsès

Ce jubilé se déroula en l'an 57, pour les quatre-vingt-deux ans de Pharaon, et fut organisé par le nouveau vizir du Sud, Néferrenpet.

Au début de l'année 60, le trône était virtuellement vacant. Le prince Mérenptah, dernier des fils susceptibles de régner issus des premières grandes épouses royales, fut très probablement investi des responsabilités de régent. On peut supposer qu'il avait épousé sa sœur Isisnofret II, et aussi Bentanat II, la fille de sa sœur aînée Bentanat Ire.

Le onzième jubilé de Ramsès

Cependant les jubilés se succédaient, encore et toujours. Le onzième fut proclamé durant les années 60-61 du règne par le vizir du Sud, maire de Thèbes, Néferrenpet. Naturellement, Pharaon, atteint d'artériosclérose, ne quittait plus son palais.

Les médecins, parmi lesquels des prêtres de Sekhmet, vainqueurs de tant de maux en Égypte, et mandés si fréquemment à l'étranger, se déclaraient impuissants à guérir le mal. Seules les merveilleuses plantes dont ils tiraient de savantes décoctions pouvaient apaiser les douleurs : on les faisait absorber à Ramsès, souvent mélangées au *kyphi*, breuvage préféré de Pharaon, et qui lui procurait des instants de sommeil.

Les douzième, treizième et quatorzième jubilés

Alors on précipita le rythme des fêtes-*Sed*, misant sur leur mystérieuse puissance afin d'obtenir un dernier miracle.

Le douzième jubilé fut célébré durant les années 61-62.

Le treizième jubilé pendant les années 63-64.

Le quatorzième jubilé au cours des années 65-66.

La soixante-septième année du règne venait de commencer...

... quand le cœur de Ramsès, qui battait depuis quatre-vingt-douze années, s'arrêta : le Grand Guide, le fidèle Anubis à la tête de chien, venait de lui prendre la main. C'était au début de l'inondation, en 1213 avant notre ère.

7

LE DERNIER MIRACLE DE RAMSÈS

La momie de Hunefer est soutenue par Anubis alors que les deux prêtres se préparent à accomplir le rite de l'Ouverture de la bouche. Livre des Morts. *Londres, British Museum.*

Juillet 1213 avant notre ère : un Jour de l'An

Le quatorzième jubilé de Pharaon avait été célébré : durant toutes les cérémonies, depuis qu'il avait dépassé sa quatre-vingt-dixième année, le souverain ne quittait plus son palais de Pi-Ramsès. Il avait vu tant de ses enfants s'éteindre, lui dont la longévité ne cessait de se prolonger, qu'il en demeurait profondément meurtri. Depuis cinquante-cinq années Ramsès, alors âgé de quatre-vingts ans, occupait le trône d'Égypte !

À la désignation de son treizième éventuel successeur au trône, le prince Mérenptah, fils d'Isisnofret, seconde grande épouse royale, les proches de Pharaon avaient pris le parti de précipiter le rythme des grands jubilés régénérateurs, et de les célébrer dès lors tous les deux ans, pour redonner à Pharaon un regain de jouvence. Ainsi se succédèrent pendant les dix dernières années du règne les dixième à quatorzième fêtes-*Sed*. Dans ces conditions, pourquoi Pharaon, à la gloire légendaire, ne pourrait-il pas bénéficier des cent dix ans de vie, apanage des sages – chacun semblait s'y attendre !

Aussi l'annonce de la nouvelle année était-elle vécue avec grand espoir dans tout le pays. La saison chaude, *Shémou*, allait se terminer... On attendait avec ferveur l'arrivée de l'eau fraîche et pure, l'eau de l'inondation. Comme à l'accoutumée, le vizir avait régulièrement informé le palais du régime du Nil dès le début du mois de mai, lorsque le fleuve était à l'étiage, donc présentant son niveau le plus bas. La remontée des eaux était surveillée, en plusieurs points du pays, mais surtout depuis le Gébel Silsilé. Près des grandes stèles des chapelles ramessides aménagées dans la falaise occidentale, les offrandes avaient été jetées dans les eaux afin de les rendre propices à la vie du pays.

L'inondation déferle

La veille de la date tant attendue, la *Nuit de Rê* – le « réveillon » – avait été chaleureusement célébrée. Chaque édifice, chaque maison répondait, sur terre, au scintillement des étoiles, par la multitude de petites lampes allumées devant les portes. Et puis, en ce premier jour du premier mois de la saison *Akhet*, peu après le 18 du mois de juillet 1213, le flot avait déferlé dans une éclatante chaleur tempérée par les bienfaisants vents étésiens, lesquels, arrivant du nord, ridaient la surface du fleuve et ralentissaient son cheminement vers la mer.

Déjà la terre d'Égypte devenait une mer sur laquelle une multitude de barques, fleuries et décorées de banderoles, voguaient au son des tambourins et du double hautbois. C'était le Jour de l'An : chacun, avec ses plus beaux vêtements de fête, allait puiser l'eau nouvelle pour

Scène de réjouissance. Nouvel Empire. Le Caire, Musée égyptien.

la boire, pour la conserver aussi dans des jarres où elle décanterait, et même afin de l'expédier au-delà des limites du pays, en guise de talisman et de gage de fécondité. On buvait aussi beaucoup de « vin nouveau » ! Ainsi était bruyamment fêté le premier jour du premier mois de l'année, le mois de Thot, celui de l'ivresse (*Tekh*).

Sur les toits des temples, dès avant l'aube, les prêtres avaient installé la statuette du culte divin, sortie de son naos, exposée face à l'est pour que le baiser du soleil levant puisse la recharger de l'énergie divine. La naissance de la nouvelle année était proclamée de terrasse en terrasse, dès le lever exceptionnel de l'astre apparaissant une fois l'an dans la zone du ciel où l'étoile *Sothis* (Sirius) redevenait visible après soixante-dix jours d'éclipse.

Pourtant, dans le plus grand secret du palais, les médecins, ceux-là mêmes qui, à maintes reprises, avaient été dépêchés par Pharaon au chevet des princes des pays d'Asie anxieux de bénéficier du concours de ces brillants praticiens, groupés autour de Ramsès, demeuraient impuissants devant un moribond.

Le roi est mort...

Privé de ses dernières forces, ployant sous d'implacables douleurs qui courbaient son corps en avant, le roi allait rendre son dernier soupir précisément en ce dix-neuvième jour du premier mois de la saison de l'inondation, le lendemain même du Jour de l'An traditionnel.

Sitôt répandue la nouvelle dont, en cette période d'exceptionnelle liesse, il avait fallu reporter *in extremis* l'annonce, les cris de deuil pesèrent brusquement sur les chants d'allégresse. Autour du moribond avaient été rassemblés les derniers enfants que lui avaient donnés ses grandes épouses royales, ceux de ses épouses secondaires, et les nombreux petits-enfants conduits par le treizième de ses héritiers, Mérenptah, son successeur désigné, né de la grande épouse

destinés à extraire le cerveau, fut entièrement bourré de grains de poivre, cependant que le Prêtre-lecteur, porteur de son papyrus contenant le rituel sacré, ne cessait de réciter les formules de protection. Un anneau d'or maintenait le cœur solidement attaché au sommet gauche du thorax, lequel avait été entièrement tapissé d'un hachis de feuilles de tabac sauvage collé à des résines odoriférantes.

Bracelet de Ramsès II. Le Caire, Musée égyptien.

Ramsès est momifié

Dans les ateliers des orfèvres, on s'était affairé sur les bijoux funéraires : longs colliers ornés de scarabées symboles de l'aube de la résurrection, barques divines, déesses tutélaires flanquant l'œil-*Oudjat** évoquant la plénitude retrouvée, images dressées d'Osiris tenant les sceptres de la royauté, pendentifs en forme de pylônes de temples encadrant les images d'Isis et de Nephthys préparant l'animation du mystérieux pilier-*djed*, tout était prêt à côté d'une infinité d'amulettes, et de grandes silhouettes de génies ailés découpées dans des plaques d'or, destinées à être glissées dans les enroulements des bandelettes, aux endroits précis où les organes avaient été prélevés.

Œil-*Oudjat* : symbole protecteur représentant l'œil du dieu faucon Horus.

À chaque dépôt d'amulettes, à chaque pose de bijoux, une prière appropriée était récitée par les cérémoniaires. Une ceinture d'or et de perles multicolores « tissées » maintenait sur l'abdomen du roi sa légendaire dague au manche orné de deux têtes de faucon opposées. Des doigtiers d'or pur protégeaient les extrémités de ses pieds et de ses mains. On avait enfilé des bagues à tous ses doigts. Un ruban plat d'or fin enserrait sa tête. Cependant, on n'avait pas réussi à fixer, à la hauteur du front, les deux formes animales dressées des déesses primordiales, le vautour et le cobra, dont la saillie très prononcée ne permettait pas de poser directement sur le suaire le lourd masque-plastron en or massif qui devait emboîter la tête et le torse de la momie. Aussi avait-on glissé ces deux insignes sous le suaire, contre chacune des jambes de la momie. En revanche, les

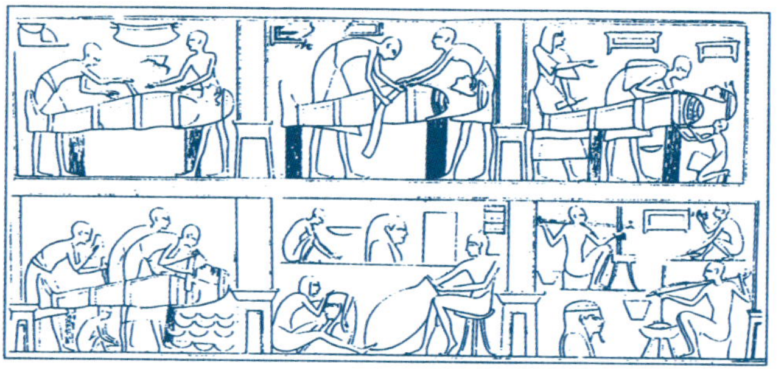

Fabrication du masque funéraire d'une momie sur laquelle on pose le linceul.

Pectoral de Ramsès II avec le vautour et le cobra. Serapeum de Saqqarah. Paris, musée du Louvre.

deux animaux de la royauté ornant le front du premier et du deuxième sarcophage momiforme allaient être entourés par la petite « couronne de justification » faite de feuilles de perséa et de pétales de lotus bleu. Ainsi, dès le début de son odyssée chthonienne*, Ramsès recevrait le viatique devant lui assurer la reconnaissance de sa légitimité solaire confirmée par l'épreuve du jugement.

Chthonienne : se dit des divinités qui vivent sous la terre.

Sarcophages et chapelles

Les membres de la famille furent alors conviés à la « mise en sarcophages ». Après la pose du masque-plastron d'or, la momie fut déposée dans un premier sarcophage, également en or massif, lequel prit ensuite place dans un deuxième sarcophage en bois plaqué d'or et incrusté de pâte de verre imitant la turquoise, le lapis-lazuli et la cornaline. Enfin, un troisième sarcophage extérieur en bois doré devait recevoir tous ces « emboîtages ». Ramsès était alors prêt à gagner la nécropole royale où dormaient ses prédécesseurs depuis le début du Nouvel Empire.

Mérenptah, le nouveau pharaon, se rendit dès lors jusqu'à Thèbes pour s'assurer que les importantes cérémonies des funérailles, organisées par le vizir du Sud, à l'époque maire de Thèbes, Néferrenpet, se dérouleraient suivant l'antique rituel et avec tout le faste désiré.

Les pleureuses entourent la cabine funéraire voguant vers la nécropole.

Ramsès quitte sa capitale

À l'est du Delta, sur les bords des *Eaux de Rê*, à la hauteur de Pi-Ramsès, la grande nef funéraire était encore à quai. On y avait monté un dais abritant les sarcophages et le corps royal. L'embarcation royale de Mérenptah remontait le courant en tête du cortège fluvial. À sa suite, le remorqueur destiné à haler le vaisseau funéraire était aussi muni d'une large voile horizontale à deux vergues, tissée de décors multicolores. Secondant l'action des rames, elle contribuerait à mieux affronter les eaux du troisième mois de l'inondation (octobre 1213 avant notre ère), alourdies par les alluvions, au courant redoublé.

Les autres barques du cortège avaient été chargées de l'immense mobilier funéraire du roi ; mais y avaient également pris place les membres de la famille, les hauts fonctionnaires et les prêtres funéraires.

Dès le départ du défilé fluvial, les riverains, paysans et citadins, alertés par la nouvelle de son imminent passage, s'étaient massés sur les berges : le spectacle qui se déroulait était surprenant. Non seulement le faste de l'équipage fascinait les spectateurs, mais au bord de l'eau les cris des femmes portant le deuil, certaines dispersant sur leur tête la poussière du sol, répondaient aux chants mortuaires des bateliers par les refrains traditionnels.

Une escale de deux jours fut observée à la hauteur d'Abydos, sanctuaire d'Osiris dans le monde duquel Ramsès venait de s'intégrer. Après les rites préliminaires d'investiture, le grand prêtre Ounennéfer et son fils Hori étaient montés à bord de la nef royale afin d'escorter le défunt jusqu'à la Vallée des Rois. Plus au sud, à la hauteur de l'immense temple d'Amon, le grand prêtre Bakenkhonsou et tout son clergé encadrant Mérenptah accueillirent le défunt Ramsès et sa suite. Sans doute dans la grande cour de ce temple de la royauté, un premier simulacre de jugement du trépassé s'était-il déroulé, au terme duquel le verdict prononcé par les puissants contemporains de

Ramsès décida de son éventuel séjour dans le monde des justes. Puis la flottille vogua sur l'immense étendue d'eau de la crue, qui recouvrait la plaine occidentale de Thèbes, et atteignit directement le débarcadère même du Ramesseum. Au sein du temple jubilaire, le rappel des rites funéraires les plus archaïques fut mimé, rythmé par les chants et les danses au cours de l'évocation de l'indispensable pèlerinage aux villes saintes...

Vers la nécropole royale

Enfin, à l'aube du jour prescrit, le défilé funèbre prit son départ pour rejoindre les tombeaux des « ancêtres » de Ramsès. Toujours en raison des eaux recouvrant la terre d'Égypte jusqu'à la limite des sables, l'escorte fluviale vogua à nouveau, pour aborder au plus près du long chemin qui prend son départ au nord de la chaîne des temples jubilaires avant de s'enfoncer dans le gébel. Il fallut alors des heures pour décharger non seulement les lourds sarcophages emboîtés, leurs catafalques et leur traîneau, mais encore l'ensemble, plus réduit mais analogue, contenant les vases canopes, ainsi que tout le mobilier funéraire.

Défilé du mobilier funéraire. Thèbes-Ouest, Gourna, tombe de Ramosé.

Et le cortège s'ébranla

Le traîneau supportant le catafalque était halé par des bovidés, et précédé de clercs répandant du lait sur le sol. Lentement les deuillants suivaient, groupés après les deux vizirs au crâne rasé, et les *Neuf Amis du rite* s'appuyant sur de hautes cannes, le crâne ceint de bandelettes de deuil blanches. Venaient alors les porteurs de hautes tiges de papyrus, de nombreuses pleureuses aux robes teintées par la poussière du chemin qu'elles répandaient sur leur tête, cheveux décoiffés, exprimant à nouveau bruyamment le désespoir. Enfin, le long défilé atteignit la jonction avec le départ de la Vallée de l'Ouest, là où Aménophis III avait fait aménager sa « demeure d'éternité ». Ce fut l'endroit où l'attelage de bovidés fut abandonné afin que les grands de la cour puissent eux-mêmes haler le catafalque sur son traîneau jusqu'à l'entrée de la nécropole.

Plan de la tombe de Ramsès II.

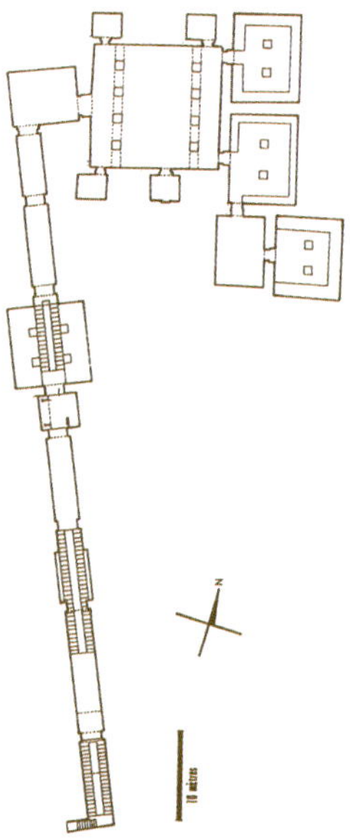

La tombe du roi

Le plan de la tombe, aménagée peu après le couronnement, se rapprochait bien plus de celui de la sépulture d'Aménophis II, qui empruntait la forme générale d'une équerre, que du plan des syringes creusées dans la montagne suivant un axe pratiquement unique, adopté par Séthi, et qui sera repris par Mérenptah. L'impressionnante cuve funéraire en albâtre avait été introduite dès la fin des travaux. Les murs de la syringe, recouverts de scènes où le souverain était en perpétuel dialogue avec les formes divines chthoniennes, révélaient des enluminures très vives lorsque, au passage, les porteurs de torches éclairaient le transfert du mobilier funéraire.

La longue succession de couloirs – dont le décor mural évoquait les différentes étapes du cheminement du soleil, auquel le défunt était assimilé, durant les douze heures de la nuit – conduisait à une première salle à quatre piliers. C'était la *salle du Char*, flanquée de deux annexes latérales, où les officiants déposèrent les chars du roi.

Puis les couloirs reprenaient, leurs murs évoquant, en fines vignettes, tout le mystérieux cérémonial de l'*Ouverture des yeux et de la bouche* de la momie, et aussi des statues du défunt roi. À l'extrémité était une large salle rectangulaire appelée *salle de la Vérité*, propre à maintenir l'équilibre de l'extraordinaire réseau prophylactique entourant la dépouille du grand roi, désormais *justifié*, et bientôt réanimé. Après cette salle, le plan de la syringe épousait un angle droit. Par une porte percée sur l'un des côtés, la *salle de la Vérité* communiquait avec l'immense chambre du caveau, la *chambre de l'Or*, centre du tombeau, à huit piliers, et flanquée de trois groupes d'annexes. En entrant dans cette chambre, la première petite pièce à droite était illustrée par la scène du *Livre de la Vache du Ciel*. Cette illustration est constituée par une vache, au ventre piqué d'étoiles, image de la voûte céleste, près de laquelle circule une barque : celle de Rê, le soleil vieillissant. Dans le mythe, les hommes ont comploté contre le démiurge. Afin de les punir, celui-ci leur envoie Hathor, transformée en une lionne enragée, laquelle s'enivre de leur sang. Pour que l'humanité ne soit pas détruite, Rê fait répandre sur le sol de la bière colorée d'ocre rouge : Hathor se grise alors du breuvage, et tout rentre dans l'ordre. Cependant, lassé des humains, le démiurge gagne le firmament, sur le dos de sa fille Nout, la vache étoilée, ayant toutefois déclaré : « *Je n'avais pas ordonné qu'ils fissent du mal, mais c'est leur cœur qui a désobéi à ce que j'avais dit.* »

Ces locaux débordaient d'un extraordinaire mobilier rituel. Au centre de la *salle d'Or*, la grande cuve d'albâtre venait de recevoir les fonds emboîtés des différents sarcophages, alors que la momie, placée debout devant l'entrée de la tombe, allait être l'objet d'un dernier rite : celui de l'*Ouverture de la bouche et des yeux*, qui devait lui restituer l'usage de tous ses sens.

Cet acte essentiel allait être exécuté par le successeur du roi sur le trône. Mérenptah, vêtu de la dépouille du guépard et coiffé du *khépéresh* recouvert de peau probablement d'autruche, portant les sandales de peau blanche, utilisait les nombreux ustensiles placés à cet effet près de lui sur une sellette. Le geste ultime, accompli au moyen d'une herminette*, clôturait cet « adieu au mort ».

Prêtre-lecteur et instruments nécessaires à « l'ouverture de la bouche et des yeux ». Tombe thébaine.

Herminette : outil de travail en bois, sorte de hache au tranchant perpendiculaire au manche et servant au dégrossissage des œuvres sculptées, au dressage de la face supérieure des poutres posées au sol, au façonnage des formes galbées et au creusage.

L'adieu à Pharaon

Les prêtres s'emparèrent de la momie, replacèrent sur sa tête et ses épaules le masque d'or, puis, redescendus dans la syringe, ils la déposèrent à nouveau dans les sarcophages emboîtés : les couvercles furent remis l'un après l'autre, et la lourde dalle lentement redescendue sur la cuve. Une fine tente de lin transparent, parsemée de rosettes d'or, soutenue par quatre piquets plaqués d'or, recouvrait l'ensemble sur lequel on allait alors édifier les quatre chapelles divines. Recouverts de textes et de figurations funéraires propres aux rites royaux, ces éléments qu'on allait réunir autour des sarcophages avaient, entre autres, pour rôle d'évoquer, par leur forme reconstituée, les chapelles essentielles au devenir du défunt : en deux exemplaires, on reconnaissait l'archaïque chapelle de la Mère primordiale du Sud, Nékhabit, le vautour; une troisième chapelle épousait la forme du très ancien sanctuaire de Ouadjet, le cobra, Mère primordiale du Nord. Ces deux entités pourraient ainsi accompagner le défunt pendant tout son périple chthonien et, au

Double page suivante
La Vache céleste, soutenue par le dieu Shou. Thèbes-Ouest, Vallée des Rois, tombe de Séthi Ier.

Sarcophage utilisé pour le réensevelissement de Ramsès II. Cachette royale de Deir el-Bahari. Le Caire, Musée égyptien.

les prêtres glissèrent dans les mains du sarcophage royal momiforme les pauvres sceptres de bois de palmier, le fouet et le crochet d'Osiris, bien modeste allusion aux magnifiques insignes d'origine, en or et pâte de verre lapis-lazuli.

La cachette royale

Il était donc clair que la syringe de Séthi Ier n'était plus un emplacement de sécurité, alors que la tombe d'Aménophis II fut épargnée, et seulement remise au jour en 1898 par Victor Loret. Il fallait trouver un endroit secret pour mettre à l'abri les tristes reliques, dans un lieu éloigné de la nécropole royale vraiment trop fermée et trop isolée. Les autorités cherchèrent l'emplacement adéquat au creux de l'un des grands cirques bordant le piedmont oriental de la montagne dominée par la Sainte Cime. Leur choix s'arrêta sur l'hypogée très probablement pillé de l'obscure reine Inhâpi, où l'on avait déjà mis à l'abri la momie d'Aménophis Ier, son époux divinisé, patron de la nécropole. Une inscription sur le sarcophage momiforme où gisait Ramsès précise que le déplacement fut exécuté en l'an 10, quatrième mois de la saison *Péret*, le dix-septième jour du règne du pharaon Siamon (979-960 avant J.-C.). Ramsès et ses pairs étaient escortés par quelques très hauts fonctionnaires sacerdotaux, parmi lesquels Ânkhefenkhonsou, Nespakashouty et le chef des sceaux de la nécropole. On fit coïncider l'événement avec les obsèques du grand prêtre d'Amon, Pinedjem, enterré dans les mêmes lieux avec son propre mobilier funéraire. Un nouveau procès-verbal fut alors tracé au sommet de la tête du sarcophage de Ramsès ; on y apprend que les rites furent accomplis par un autre groupe de prêtres, dont Djedkhonsouiouefânkh, Ounennéfer et Efenamon, en l'an 10, le même quatrième mois, mais le vingtième jour.

Cette « cachette » n'avait aucun point commun avec les fantastiques palais souterrains aux murs tapissés d'images divines et de figurations irréelles retraçant les avatars du *Fils du soleil* dans l'univers transitoire de ses épreuves chthoniennes. Les prêtres descendirent d'abord les sarcophages dans un puits de 12 mètres de profondeur sur 2 mètres de large. Puis, les « déménageurs » s'engagèrent dans un couloir d'un diamètre de 1,40 sur 1,80 mètre, toujours taillé dans le calcaire thébain. Après un cheminement de 7,5 mètres, ils tournèrent à angle droit pour s'engager dans un autre couloir de 60 mètres, qui aboutissait à cinq marches pour déboucher dans un caveau oblong de 8 mètres, sans aucune décoration. On imagine les difficultés rencontrées pour introduire et véhiculer les encombrants sarcophages !

Épilogue

Ainsi vécut Ousermaâtrê Sétepenrê, Ramsès Méryamon

Aucun pharaon n'a laissé autant d'écrits sur ce qu'il voulait être et avait accompli ; aucun, sinon lui, n'a livré d'aussi nombreux témoignages monumentaux permettant de saisir les mobiles de ses entreprises.

Certes, tout paraît démesuré à nos yeux de modernes Occidentaux, à commencer par son étonnante longévité, la durée de son règne, son innombrable progéniture, évident objet de son orgueil et de ses soins. Laissons à l'irritation de nombre d'entre nous l'emphase étourdissante des titres et des louanges adressées à celui qui, pour mener au mieux son action, crut nécessaire de se présenter devant son peuple non plus comme le fils du dieu, ainsi que les autres pharaons le faisaient, mais telle l'incarnation du dieu lui-même.

On peut cependant déceler une réalité évidente dans les écrits inspirés par le roi. Surdoué, il le fut certainement ; très jeune corégent de son père : la preuve est indiscutable. Dès cette époque, il reçut effectivement le cartouche royal contenant son nom de couronnement.

La fameuse bataille de Qadesh : une défaite ? Dans l'immédiat, ce fut un « match nul », comme on dit, une catastrophe, due à une impardonnable imprudence, ayant été évitée de justesse. Le roi ne s'est-il pas racheté par sa bravoure hors du commun et sa remarquable présence d'esprit, en réagissant devant le spectre de l'anéantissement ? Non ! Ramsès n'a pas menti : en faisant illustrer le *bulletin* de la bataille, il prit soin de représenter la citadelle ennemie *non investie*.

Le souvenir de cette bataille, à laquelle le Hittite semble avoir voulu mettre un terme, constitue certainement la hantise de Pharaon durant de longues années : reconquérir les positions perdues aux pays de Canaan et d'Amourrou fut son objectif. Mais face à un adversaire aussi puissant que le Hittite, bénéficiant de la complicité de cités-États toujours prêtes à se retourner contre Pharaon, mieux valait utiliser la diplomatie !

Lorsque Pharaon put enfin reprendre avec l'adversaire les pourparlers en vue d'une paix patiemment préparée, il semble qu'il songeait, déjà, à viser encore plus haut. Pour effacer définitivement la douloureuse épreuve de Qadesh, il fallait en quelque sorte montrer sa supériorité, en obtenant la fille de celui qui l'avait combattu. Ce fut là, certainement, le point culminant de son règne, mais sa grande chance fut d'avoir à traiter avec un homme aussi respectable, aussi loyal et aussi pacifiste que le Hittite.

Ramsès sut habilement mêler à tous ces événements un fond de scène où surgissait prodige sur prodige. Au reste, les subterfuges ont jalonné son existence, et façonné son personnage. Il fut l'homme des miracles. Ses racines non royales, et la particularité de sa rousseur l'associant aux fervents de Seth-le-perturbateur, l'avaient certainement incité à exorciser, en quelque sorte, ce qu'il pouvait considérer comme un obstacle à son prestige. Dans cette optique, Ramsès fut le premier « homme de communication » et en vint à ébaucher l'Histoire.

Sa longue existence, bien qu'on ait parfois pu s'y méprendre, fut loin d'être constamment consacrée à la guerre : au début de son règne, quinze années à peine d'expéditions ou de combats sporadiques mais opiniâtres, sur soixante-sept années ! La deuxième période concerne en partie l'établissement de la paix et des accords qui devaient en découler. Le troisième volet de sa présence sur le trône d'Égypte lui permit, à la faveur de longues années de paix au Proche-Orient et d'une grande opulence dans le pays, de gouverner pour le bien de l'Égypte dans des conditions exceptionnelles.

Esprit éclairé, entouré d'un cercle de hauts fonctionnaires remarquables où se côtoyaient des Égyptiens et des Orientaux sémites très proches de lui, d'origine principalement cananéenne, amorrite, hourrite, Ramsès apparaît comme le secret continuateur de la réforme amarnienne, tant au niveau artistique que religieux. Cependant, pour masquer et protéger cette évolution, il lui fallait ouvertement renier ceux qui l'avaient inspirée, Hatchepsout et Akhénaton, notamment en détruisant leurs monuments. Ramsès le social fut aussi l'œcuménique, favorisant le rapprochement des divinités égyptiennes et étrangères.

Sachant exploiter, au bénéfice de sa gestion du pays, les événements qu'il côtoyait, il ne manqua pas d'utiliser et de s'attacher à l'ère sothiaque durant laquelle sa famille avait accédé au trône. Il allait monopoliser le lever héliaque de l'étoile Sothis et l'arrivée de l'Inondation au Jour de l'An, et présenter le phénomène comme le résultat de son œuvre personnelle, partagée avec la belle Nofrétari. Maître de l'Inondation, il dominait ainsi le calendrier dont dépendait le rythme de toute vie.

La seule malchance de ce potentat incontesté, maître des prodiges, fut de régner pendant de trop nombreuses années, durant lesquelles il vit disparaître la plupart de ses fils aînés. En 1213 avant notre ère, son successeur, le treizième prince, Mérenptah, était déjà un homme âgé lorsqu'il recueillit son héritage.

En disparaissant, Ramsès laissait derrière lui les sources de son mythe. De son innombrable descendance, seul Khâemouaset à la renommée de savant et de magicien a su alimenter la littérature de Basse Époque, cependant que la geste de son père traversait les siècles.

Vases utilisés pour l'embaumement de Ramsès II. Paris, musée du Louvre.

Après 2 830 années !

Les épreuves rencontrées par Ramsès pour gagner son éternité allaient ressurgir à la fin du XIXe siècle de notre ère par la faute de nouveaux détrousseurs de trésors de la région thébaine !

En 1858, Auguste Mariette, devenu en Égypte Mariette Pacha, créa le premier service de protection des monuments pharaoniques dans ce pays où les inspecteurs du Service des antiquités se mirent à surveiller et à endiguer les pillages modernes des vénérables nécropoles au bénéfice des marchands et collectionneurs friands de ce passé fabuleux. Avant même que Maspero lui succède, la région thébaine continua à fournir aux « antiquaires », entre 1871 et 1874, des séries d'objets rassemblés provenant de trésors funéraires, et des *papyri* remontant à la XXIe dynastie. Une enquête confiée à deux de ses collaborateurs, les inspecteurs H. Brugsch et Ahmed Bey Kamal, aboutit le 6 juillet 1881 à la découverte d'une bande de pillards issue d'une famille de Gourna (Thèbes-Ouest), et de la célèbre « cachette de Deir el-Bahari » où ceux-ci, suivant leurs besoins, puisaient les reliques à vendre.

Ce fut sans doute durant cette période que les pillards prélevèrent de la cachette les magnifiques vases de terre cuite vernissée d'un bleu intense, contenant les linges ayant servi à la momification de Ramsès et que les prêtres avaient déposés près de sa dépouille. Peu de temps après la découverte de la cachette, ils passèrent sur le marché des antiquités. Seuls vestiges prestigieux connus à ce jour du mobilier funéraire du grand roi, ils sont depuis 1906 conservés au musée du Louvre.

L'émotion fut indescriptible à la vue de ce pitoyable Saint-Denis des pharaons du Nouvel Empire, entassés dans le sinistre caveau du cirque de Deir el-Bahari. L'extraction des sarcophages, souvent énormes, se fit en quarante-huit heures… mais en plein jour ! Et leur transport vers Louxor fut achevé le 11 juillet. Trois jours après, arrivait le bateau envoyé par Maspero, qui repartait immédiatement, chargement effectué, vers Le Caire.

Ramsès au Caire

En compagnie des dépouilles des plus grands de son temps, la momie de Ramsès fut déposée au musée de Boulaq. Désormais Ramsès gisait près du Nil, dans une humidité extrêmement nocive durant la période de l'inondation.

Survint un autre épisode dans l'escalade des risques auxquels Ramsès devait maintenant faire face. Le khédive d'Égypte, S.A. Mohammed Pacha Tewfik, désirait, en dépit des procès-verbaux tracés jadis sur les sarcophages, être assuré de l'identité exacte des momies, et principalement de celle de Ramsès II, par laquelle on commença alors le « déshabillage ».

Le 1er juin 1896, à 9 heures du matin, la cérémonie débuta, en présence de dix-sept ministres ou hauts personnages du royaume, orchestrée par Gaston Maspero assisté d'Émile Brugsch et d'Urbain Bouriant. Les tissus avec lesquels les prêtres de la XXIe dynastie avaient réenveloppé la momie étaient assez grossiers, mais sur celui couvrant la poitrine, le nom du roi, écrit par ordre de Hérihor,

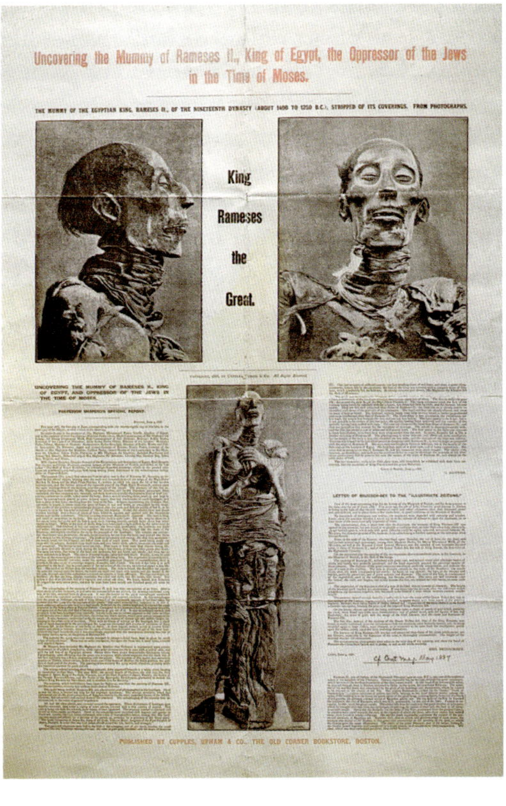

Affiche faite à l'occasion du déshabillage de la momie de Ramsès II en 1896.

Momie de Ramsès II, de profil. Le Caire, Musée égyptien.

végétal était encore inconnu en Égypte, semble-t-il), des centaines de milliers de pollens d'une plante de la famille de la camomille, de même que des sauges, des renoncules, mélangées à de la gomme adragante, des feuilles de tilleul et de platane… et même quelques pollens de coton sauvage, tous végétaux du Delta. Dans sa cavité abdominale furent détectés des fragments de tissus faits de fils bleus et d'or, et son cou portait encore les traces de pelures de bulbes d'oignon d'un genre de narcisse à l'odeur enivrante.

La radiographie des mâchoires et l'étude des prémolaires attestèrent que le roi avait subi des lésions dentaires importantes, et fut atteint, sur le tard, d'une para-odontolyse. Tandis que les vaisseaux sanguins quasiment obstrués, visibles par xérographie dans la tête du roi, prouvèrent qu'il était atteint d'une envahissante spondylarthrite ankylosante, pendant au moins les vingt dernières années de son règne.

D'autre part, la comparaison du profil de la momie, présentant un nez proéminent, busqué, et un menton court et saillant, avec le profil de Ramsès visible sur la photographie d'un décor du grand temple d'Abou Simbel que j'avais fait exposer dans la salle fut tout à fait saisissante.

Autre indication précieuse : Ramsès avait bien d'abord été momifié dans le nord de l'Égypte, près de sa capitale de Pi-Ramsès. Les grains de sable, d'origine désertique, mais aussi marine, encore collés aux cheveux, complètent les informations rassemblées, relatives aux lieux où il fut procédé, sur le cadavre, au début du processus de momification : ce devait être le Delta, en un site éloigné du Nil, car aucun pollen de plantes d'eau ne fut repéré, mais bien plutôt à proximité de champs, comme les pollens lourds de céréales l'attestent.

Une révélation inattendue, d'importance

Dès le démaillotage, Maspero avait constaté que les cheveux, devenus blancs, avaient été teints au henné ; ce fait demeure incontestable. Une tout autre raison, semble-t-il, serait à l'origine de la pigmentation rousse des cheveux subsistant encore à la base du crâne : il semblerait que nous soyons là en présence de leur teinte naturelle. Au cas où le glorieux pharaon aurait présenté une toison rousse, la découverte serait d'un exceptionnel intérêt. En effet, ceux qui, dans l'Égypte ancienne, possédaient, par malchance, ce système pileux, évoquant la couleur des sables stériles et celle du pelage des animaux du désert, étaient considérés comme des êtres voués au Typhon des anciens, le dieu Seth. On les nommait péjorativement les *formes rousses*. Pourtant, au début de la XIXe dynastie, deux pharaons ont été prénommés *Séthi* (« celui de Seth »). Il faut alors avoir en mémoire avec quelle réelle ostentation Ramsès prône la forme divine de Seth, dont il déclare que ses ancêtres sont issus. Il va jusqu'à l'associer au Baal des Asiatiques ; on note que Seth apparaît dans le mythe solaire, non seulement comme l'image de la perturbation nécessaire au déroulement des saisons, à l'équilibre des forces cosmiques, mais surtout comme l'allié de l'astre dans la barque duquel il monte pour mieux le défendre du Malin, Apophis, le dangereux serpent. Néanmoins, valoriser une particularité physique pouvant accabler moins subtil que lui, convertir un aspect néfaste en entité redoutée, n'était pas mince victoire ! Car loin de masquer ce qui, à d'autres époques, pouvait être dénoncé comme un handicap, il incita son peuple à considérer la rousseur qui le marquait comme la démonstration de

Seth protège la barque du Soleil, en s'opposant au serpent Apophis. Livre des Morts *de Cheritwebeshet. Le Caire, Musée égyptien.*

son origine séthienne, expression divine présentée comme bienfaitrice de ses pères... Évitant de le déclarer clairement dans les textes, il « manœuvra » en sorte que son inhabituel système pileux illustre une bénédiction spécialement dispensée par Seth, une des nécessaires émanations du soleil. Ce faiseur de miracles manipulait avec dextérité une très psychologique diplomatie !

Le mal dont souffrait la momie

En obtenant du gouvernement égyptien l'autorisation de « soigner » Ramsès, promesse avait été faite qu'aucune publicité n'entourerait la présence du roi à Paris, et qu'aucune expérience ne serait tentée sur la précieuse relique : toute recherche et toute étude pour détecter le mal susceptible de l'avoir agressée seraient faites... de l'extérieur. Aussi, la toile rugueuse sur laquelle on l'avait posée dans son sarcophage moderne, après son arrivée au Caire, fut-elle découpée en morceaux, confiés aux divers praticiens qui se penchèrent sur le problème. En définitive, ce fut un ingénieur chimiste d'origine égyptienne, stagiaire au laboratoire de cryptogamie du Muséum d'histoire naturelle, M. J. Mouchacca, qui détermina non pas le microbe, mais, *parmi une soixantaine d'espèces témoignant d'une activité fongique récente et intense*, le *Daedalea Biennis*, sorte de champignon proliférant sur le dos de Pharaon.

La cure du roi

Cette constatation allait permettre d'envisager le traitement à prescrire : l'irradiation gamma (cobalt 60). Ainsi la dépouille de Ramsès, ayant reçu tous les soins de ses « infirmiers », fut réinstallée dans le sarcophage (restauré) où les prêtres de la XXIe dynastie l'avaient déposée. Placée alors dans une vitrine étanche fabriquée à cet effet, elle fut irradiée par les soins des ingénieurs du Commissariat à l'énergie atomique, Centre d'études nucléaires de Saclay.

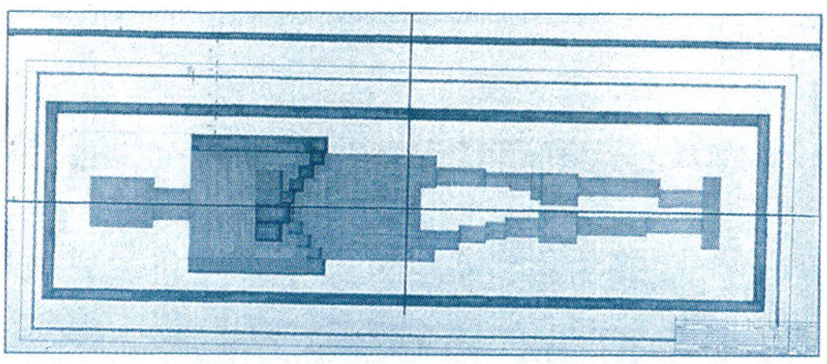

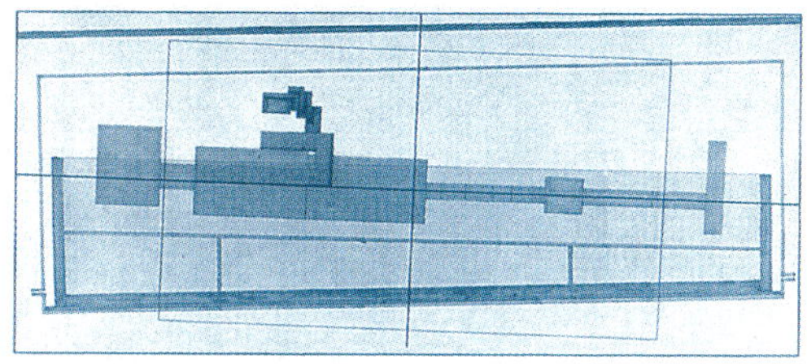

Schémas établissant la régulière densité de l'irradiation sur tous les points du corps de la momie.

Le retour de Pharaon au Caire se fit, comme pour l'arrivée, par un avion militaire français, un Transal ; je l'escortai à nouveau, accompagnée du doyen Balout et de l'ingénieur de Tassigny, auteur des calculs destinés à réaliser au mieux l'irradiation de la momie. J'avais fait exécuter par l'équipe des tapissiers du musée du Louvre un magnifique drap de velours bleu lapis-lazuli doublé d'une faille or et brodé, au fil doré, des deux plantes héraldiques de l'antique Égypte, afin de recouvrir la grande caisse contenant la momie dans sa vitrine. Ramsès guéri revint prendre sa place parmi les siens au cœur du vieux musée, en attendant qu'un cénotaphe prévu soit aménagé pour le recevoir dignement, entouré de la quasi-totalité des pharaons ayant régné pendant les trois dynasties qui contribuèrent à la grandeur du Nouvel Empire.

De nos jours, brille toujours le nom de Ramsès
qui symbolise à lui seul toute la gloire des pharaons.
Et peut-être nous réserve-t-il encore quelques surprises
par la découverte d'un nouveau « prodige » !

Index

Noms de personnes

Noms divins

Principaux écrits

L'Art égyptien au musée du Louvre, Éditions Floury Paris, 1941.

Le Style égyptien, Larousse, 1946.

La Religion égyptienne (histoire générale des religions), Aristide Quillet, Paris, 1947.

Les Sculpteurs célèbres (les Égyptiens du Moyen et du Nouvel Empire), Éditions Mazenod, Paris, 1955.

Les Femmes célèbres, tome I (Reines et impératrices ; Grandes dames et femmes politiques), Éditions Mazenod, Paris, 1960.

L'Extraordinaire Aventure Amarnienne, Éditions des Deux-Mondes, Paris, 1960.

Égypte : art égyptien, Grand Larousse, 1961.

Temples de Nubie : des trésors menacés, Art et Style, Paris, 1961.

L'Art égyptien (« Les neuf muses »), PUF, Paris, 1962.

Peintures des tombeaux et des temples, Unesco, Paris, 1962.

Toutankhamon, vie et mort d'un Pharaon, Rainbird, Hachette, 1963, Pygmalion, 1977.

Toutankhamon et son temps (catalogue de l'exposition au Petit-Palais), Association d'action artistique des Affaires étrangères, Paris, 1967.

Le Petit Temple d'Abou Simbel (en collaboration avec Ch. Kuentz), CEDAE, Le Caire, 1968, 2 volumes.

Le Speos d'El Lessiya, en Nubie, tomes I et II, CEDAE, Le Caire, 1968.

Le Monde sauvé d'Abou Simbel (étude archéologique des deux temples), Éditions Koska, Vienne, Berlin, 1968.

Ramsès le grand (catalogue de l'exposition au Grand-Palais) ; ministère des Affaires étrangères et des Affaires culturelles, 1976.

Le Département des antiquités égyptiennes, La crypte de l'Osiris, Miniguides du musée du Louvre. Éditions de la Réunion des musées nationaux, Paris.

L'univers des formes, NRF, Paris.

– *Le Temps des pyramides* (Les arts de transformation), volume I, 1978.

– *L'Empire des conquérants* (Les arts de transformation), volume II, 1979.

– *L'Égypte du crépuscule* (Les arts de transformation), volume III, 1980.

Un siècle de fouilles françaises en Égypte (exposition au palais de Tokyo), Ifao et Réunion des musées nationaux, Imprimerie nationale, 1981.

La Grammaire des formes et des styles (Antiquités : Égypte). Bibliothèque des Arts, Paris ; Office du Livre, Fribourg, 1981.

La Momie de Ramsès II (contributions égyptologiques ; histoire du roi – bilan des découvertes), Éditions Recherches sur les civilisations, Paris, 1985.

La femme au temps des pharaons, Éditions Stock, 1986, Paris.

La Grande Nubiade, Éditions Stock, 1992, Paris.

L'Égypte vue du ciel, Éditions La Martinière.

Amours et fureurs de La Lointaine, (Clés pour la compréhension de symboles égyptiens) Stock/Pernoud, Paris, 1995.

Ramsès II, La véritable histoire, Pygmalion, Paris, 1996

Le Secret des temples de Nubie, Stock/Pernoud, Paris, 1999

La reine mystérieuse Hatshepsout, Pygmalion, Paris, 2002

Sous le regard des dieux, Albin Michel, 2003

Symboles de l'Égypte (avec Daniel Élouard), Desclée de Brouwer, Paris, 2004

Lorsque la nature parlait aux égyptiens, Seuil, 2004

Toutankhamon, Pygmalion, Paris, 2004

Le fabuleux héritage de l'Égypte, S-W/Télémaque, Paris, 2004

Cette bibliographie concerne uniquement les ouvrages se rapportant à des sujets d'ensemble et s'inscrit indépendamment des nombreux articles et recherches scientifiques et rapports de fouilles parus dans les diverses revues et collections spécialisées en égyptologie.

Achevé d'imprimer en Italie chez Canale en juillet 2007.